广州博物馆 编

广州博物馆藏
龙泉瓷器

广州博物馆丛书·藏品系列

SPM 南方传媒　广东人民出版社

·广州·

图书在版编目（CIP）数据

广州博物馆藏龙泉瓷器 / 广州博物馆编 . —广州：广东人民
出版社，2022.9
（广州博物馆丛书·藏品系列）
ISBN 978-7-218-15934-8

Ⅰ . ①广…　Ⅱ . ①广…　Ⅲ . ①龙泉窑—青瓷（考古）—中
国—图录　Ⅳ . ① K876.32

中国版本图书馆 CIP 数据核字（2022）第 155149 号

GUANGZHOU BOWUGUAN CANG LONGQUAN CIQI

广州博物馆藏龙泉瓷器

广州博物馆 编

出 版 人：肖风华

责任编辑：赵　璐　周惊涛
责任技编：吴彦斌　周星奎
装帧设计：书窗工作室

出版发行：广东人民出版社
地　　址：广州市大沙头四马路 10 号（邮政编码：510199）
电　　话：（020）85716809（总编室）
传　　真：（020）83289585
网　　址：http://www.gdpph.com
印　　刷：广州市人杰彩印厂
开　　本：889 毫米 ×1194 毫米　1/16
印　　张：23.25　字　数：365 千
版　　次：2022 年 9 月第 1 版
印　　次：2022 年 9 月第 1 次印刷
定　　价：280.00 元

如发现印装质量问题，影响阅读，请与出版社（020-85716849）联系调换。
售书热线：（020）85716833

《广州博物馆丛书·藏品系列》之
《广州博物馆藏龙泉瓷器》

编委会

主　任：吴凌云　　刘　旸

副主任：曾玲玲　　朱晓秋

成　员：陈红军　　宋　平　　帅　倩

主　编：吴凌云

副主编：曾玲玲　　朱晓秋

执行主编：邓玉梅

执行副主编：刘　斌　　宋哲文

词条编写：宋哲文　　李荣炜

文物摄影：关舜甫　　敖　涛

文保支持：席菊芬　　刘　斌　　宋　平

展览筹备

展陈统筹：曾玲玲

提纲编写：刘　斌　　宋哲文　　李荣炜

形式设计：吴宛霖　　李　晋

陈列布置：邓玉梅　　李　晋　　宋哲文　　李荣炜

　　　　　陈红军　　帅　倩　　边晶晶

展览宣传

宣传统筹：朱晓秋

活动策划：刘颖颖　　梁慕瑜　　李沛琦

推文撰写：李沛琦　　李明晖　　梁慕瑜　　林　晖

视频拍摄：胡东松

推文排版：梁颖妍　　何信琪

活动配合：李玉婷　　高　云

总 序
PREFACE

广州博物馆是华南第一座公立博物馆，也是我国最早的具有现代意义的博物馆之一，现为国家一级博物馆。建馆90余年来，通过考古挖掘、捐赠、交换、调拨、购买等方式，广州博物馆汇集了各个历史时期的藏品13.5万件，涉及陶瓷、铜器、字画、玉器、漆器、木雕、牙角雕、纺织品、石器石刻、历代碑帖、清代民国特色典籍、民俗物品、老照片、化石及矿物标本等73类，是国内藏品年代完整、材质类型丰富的知名博物馆之一。这些藏品承载着丰富的历史文化信息，是先辈们留下来的宝贵遗产，也是历代博物馆人躬勤奋进的动力源泉。

藏品是博物馆实现收藏、研究、展示和教育四大功能的物质基础，是博物馆不断发展的坚实后盾。广州博物馆同仁一直秉承"学术立馆"的理念，薪火相传，扎实开展藏品征集、整理和研究工作，铢积寸累，不断将藏品信息和研究成果公之于众，与民共享。

每座城市都有集中展示其历史文化内涵的博物馆，博物馆是城市的文化符号，承载着历史变迁和城市记忆，凸显其独特的精神品质和文化品格。充分挖掘文物的历史、艺术、科技、人文价值，让沉睡在博物馆的文物"活"起来，走近大众，进而扩大博物馆的文化影响力和感召力，是城市博物馆的职责所在。而摸清家底，厘清藏品的数量、类别、特色与价值，是博物馆各项工作的基本前提。为此，我们以"文物见证历史、述说历史"为主题策划出版《广州博物馆丛书·藏品系列》，组建研究小组启动不同课题的藏品研究、出版工作，如容庚先生捐献青铜器、龙泉瓷、德化白瓷、青花瓷、佛造像、名人手札、历代书画、丝织品、明清古琴、汉代模型明器、石湾陶、广州彩瓷、纹章瓷、广式玻璃窗、广式家具、外销画……将博大精深的中华文明、古代科技艺术、岭南文化与人文精神多元呈现，让更多的民众在进馆看展、参与活动之余，也可随时静心品读，感悟中华优秀传统文化和先人的智慧、创意。

在中华民族伟大复兴的道路上，广州博物馆人将勇挑重担、砥砺奋进，努力将广州博物馆建设成为立足广州、辐射湾区、面向世界的世界一流博物馆，成为粤港澳大湾区的文化标杆，为推动广州实现老城市新活力、发挥粤港澳大湾区核心引擎功能、建设"一带一路"重要枢纽城市发挥重要作用。千里之行，始于足下，我们希冀借助藏品研究、出版项目，继承弘扬前辈们严谨、踏实的学术作风和求索、开拓的专业精神，在各自的岗位上为中华优秀传统文化的创造性转化、创新性发展做出自己应有的贡献。

概　述
OVERVIEW

　　龙泉窑，因生产中心位于浙江省丽水市龙泉县而得名。其产品以青瓷著称，有别于原始青瓷与越窑、瓯窑、婺窑的青瓷产品而自成一系。一般认为其创烧于五代晚期至北宋早期，南宋中后期至明初发展至鼎盛，明代中后期起逐渐衰落。作为中国青瓷的集大成者，龙泉窑以独特的青釉配方、多次施釉技法、厚釉与刻印花间的平衡控制等制瓷技艺著称。由于产品影响力大，且十分畅销，其窑址分布广泛，福建、江西、湖南、广东、广西等地皆出现仿烧窑口，使其成为一个较具规模的窑系。又由于使用、收藏分布范围广，龙泉窑窑藏分布亦极为广泛，遍布我国南北多个省份。龙泉窑窑火千年不灭，精品迭出，在海外贸易市场上发挥了极大优势，远销40多个国家和地区，曾掀起海外多地仿烧热潮，龙泉瓷器成为中华文化的符号之一。

　　广州博物馆作为华南地区最早创立的综合性城市博物馆，一直致力于各类历史文化遗存的收藏、整理与保护，注重藏品体系的构建与完善。龙泉窑作为中国名窑体系中不可忽视的文化瑰宝，也成为广州博物馆致力征藏与研究的对象。

　　经过建馆以来90余年的努力，广州博物馆现藏龙泉瓷器达473件（套），以青瓷为主，兼有少量黄釉器，为广州地区龙泉瓷器单项藏品较具规模者，其中珍贵藏品达91件（套），占该项藏品总数的1/5。年代上迄北宋，下至当代，几乎涵盖龙泉瓷器的发展历程。其中，宋代39件（套），元代46件（套），明代356件（套），清代23件（套），民国2件（套），当代7件（套）。

　　这批藏品在器型上较为丰富，龙泉瓷器的典型器如多管瓶、双鱼洗、凤尾尊、樽式炉、鬲式炉、瓿、盖罐、大盘等皆可见。龙泉瓷器因产量大、价格实惠，能满足广大百姓日常需求，被誉为"民窑巨擘"，该批藏品亦以民用需求为主的碗、盘、碟等实用器为大宗。在器物功用上，不但展现了龙泉瓷器在文人雅士闲情逸致里的魅力，也充分体现了其在百姓生活中的平凡物用。

　　在工艺上，该批藏品既体现了龙泉瓷器的胎、釉配方演进变迁，又展示了不同时期的各类装饰技法。胎釉组合从北宋到清代的厚胎薄釉、薄胎厚釉、厚胎厚釉等；釉色从灰青、艾青、豆青到粉青、梅子青等；釉质从乳浊感到玻化感，十分丰富。其中，青瓷产品能达到粉青釉釉色者约17件，达到梅子青釉釉色者约11件；其他产品，釉色从艾青、青黄、青蓝、青灰、青白、蟹壳青到豆青、天青等，不胜枚举。在装饰技法方面，该批藏品包含了诸如划花、刻花、印花、贴花、贴塑、褐彩、镂空、露胎等装饰技法，种类繁多，全方位展现了龙泉瓷器尤其是龙泉青瓷的美。如馆藏宋代青釉褐彩盖罐，展示了龙泉瓷器的褐釉点彩装饰技法；馆藏明代青釉划花碗，将划花技法与釉层厚薄、色泽结合得恰到好处，体现出明初龙泉瓷器的较高品质；馆藏明代青釉贴塑露胎人物八角高足杯，将贴塑及露胎两大装饰技法结合得十分巧妙；馆藏青釉印人物纹碗，体现了模印技法在龙泉瓷器中的魅力。

该批藏品来源多样，是广州博物馆建馆以来数辈文博人耕耘征集的成果。其中，部分为20世纪80至90年代国家文物局、广州市文管会、广州市文物总店、广州市公安局、广州市房管局等多家单位移交；部分为广州博物馆藏品征集人员于广州市带河路等地征购；更有不少为心系博物馆事业发展的藏家所捐赠，在此特向捐赠者的义举致以崇高的敬意。

2021年11月，广州博物馆策划了"龙泉之美——馆藏龙泉青瓷展"。展览分为三大部分，第一部分"源与流"按照历史时序，讲述了龙泉窑的发展变迁史，展示了馆藏龙泉瓷器在年代序列上的完整性；第二部分"物之用"按照器型分类，以"雅之用""俗之用"两小节，分别展示了龙泉瓷器在文人雅士生活及百姓日常生活中的作用，突出了馆藏龙泉瓷器在社会功用上的丰富度；第三部分"器之美"从美学欣赏角度，以"简练之美""纯色之美"两小节，讲述了龙泉瓷器在造型线条及釉色艺术上的审美价值观，体现了馆藏龙泉瓷器在工艺构成上的完备。

本书图版部分精选广州博物馆藏龙泉瓷器257件，以时代为序分四个章节，每章之下先按器型再按时代顺序排列。附录部分呈现广州博物馆藏其他龙泉瓷器216件（套）。书中还收录广州博物馆研究人员撰写的6篇文稿，供读者鉴赏参阅。

由于我们学识有限，书中或有疏漏，敬请读者批评指正。

目 录
CONTENTS

廣州博物館
GUANGZHOU MUSEUM

广　州　博　物　馆　丛　书　·　藏　品　系　列

广　州　博　物　馆　藏　龙　泉　瓷　器

图 版

PLATES

第一章

宋代

三国两晋时期，龙泉地区出现零星土窑，产品借鉴瓯窑工艺而间接受到越窑影响。五代十国时期，龙泉地区窑口承烧钱氏吴越国部分越窑『贡器』，进一步促使龙泉窑在五代晚期至北宋早期逐渐兴起。由于龙泉窑与越窑、婺窑、瓯窑有着承续关系，早期龙泉青瓷仍带有明显的越窑特征，淡青釉、黄釉产品多见。

北宋中晚期，越窑衰落，龙泉窑代起，产品逐步摆脱越窑束缚，较有代表性的情况是形成了双面刻划与篦纹装饰风格。

宋室南渡后，龙泉窑成为南方青瓷生产中心，创烧出黑胎青瓷，与白胎青瓷并肩；改良胎土配方，制成薄胎青瓷；改石灰釉为石灰碱釉，施乳浊厚釉，创烧出『粉青』『梅子青』釉色，使龙泉青瓷艺术造极一时。

1

青釉刻花五管瓶　北宋

通高27.5厘米　　口径8厘米
腹径14.5厘米　　足径8.5厘米

　　盖饰花苞钮，盖面刻覆莲，盖直沿，瓶直颈，丰肩，圈足，自肩部至器腹凸起五道弦纹，第三道弦纹作折肩式，上置五管向上伸出。下三层凸起分别刻划莲瓣纹一周。釉色青黄，釉层厚薄不均。

　　多管瓶是北宋龙泉窑较为常见的器型之一，因在肩部设有管式装置，故名，最多可见十管，以五管最为常见，一般作为专盛谷物的随葬器。多出土于龙泉金村、大窑、庆元上垟等地墓葬。

青釉刻花盘口壶　北宋

通高29厘米　口径8厘米
足径7.3厘米

　　花苞钮，盖平沿，长颈，圆肩，弧腹，下收圈足。腹外壁划云纹。釉色淡青带黄，釉层不均，有早期龙泉窑青瓷特征。此类盘口壶一般作为盛酒的随葬器，与五管瓶配对使用。

3

青釉刻花五管瓶　北宋

通高30.5厘米　口径6厘米　足径7.5厘米

　　盖顶为宝珠钮，盖呈花瓣形，肩部设五根喇叭形圆管，鼓腹，下收圈足，底饰两重莲瓣纹，通体施淡青釉。

4

青釉五管瓶　宋代

通高24厘米　口径6厘米　足径9.3厘米

盖饰花苞钮，盖面刻覆莲，瓶直颈，丰肩，圈足，自肩部至器腹凸起六道弦纹，于肩部第一道弦纹处设五管向上伸出，与同时期墓葬出土五管瓶装饰手法相类；釉薄而不均，玻化感强，釉色青黄，有明显的早期龙泉窑青瓷特征。

5

青釉盘口壶　宋代

通高27.2厘米　口径9厘米
足径8.9厘米

　　盖饰花苞钮，盖面覆刻
菊瓣纹，盘口、长颈、肩部
捏塑水波纹一周，与同时期
墓葬出土盘口瓶形制及装饰
手法相类；成釉薄而透明，
施釉不平均，淡青带黄，有
明显的北宋龙泉窑青瓷特
征，带有越窑遗风。

　　此类盘口壶多见于龙泉
地区北宋墓葬中，推测为盛
酒随葬明器，与盛谷物的五
管瓶配合使用。

6

青釉划菊瓣纹碗　宋代

高6.5厘米　口径15厘米　足径6.6厘米

敞口，弧腹，圈足。外壁刻划菊瓣纹，刻痕不规整；内底印"福"字。釉色青绿带黄。

7

青釉划花碗　宋代

高7厘米　口径17.2厘米　足径4.2厘米

　　敞口，弧腹，下收圈足。外壁近口沿处划竹节纹一圈，下腹划莲瓣纹一周，内壁划花草纹。釉色青黄近艾色，釉层较薄，可见胎色。

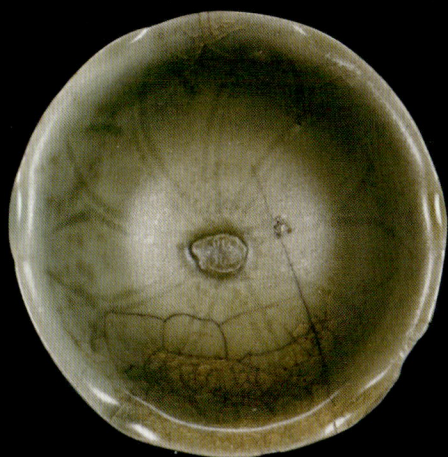

8

青釉荷叶形贴龟碗　宋代

高4.6厘米　口径10.3厘米　足径4厘米

　　花形口，弧腹，下收圈足。碗内壁刻荷叶纹，内底贴单龟。釉色暗绿泛黄。

　　龙泉窑各类民间器物善于提炼瓜果花卉、动物鸟兽等形态融入器物造型，碗底贴塑单龟或双龟的荷叶形碗是龙泉青瓷典型器之一。

9
青釉印莲瓣纹碗　宋代

高6.8厘米　口径16.3厘米　足径5.5厘米

　　圆唇，敞口，斜腹下收，圈足。外壁印莲瓣纹，釉色青黄，釉面通身开细碎纹片，如"百圾碎"，圈足外有脱釉。明代陆深《春雨堂随笔》云："哥窑，浅白断纹，号百圾碎。""百圾碎"原特指哥窑某类开片细碎的产品，后形容其他窑口瓷器釉面开片纹路繁密者。

10

粉青釉碗　宋代

高4.7厘米　口径10.2厘米　足径4.3厘米

　　敞口，弧腹，下收圈足。通体光素，唇沿露胎一圈。釉色近粉青，釉层酥润，釉面有开片。

11

青釉菊瓣纹碗　南宋

高7厘米　口径16.5厘米　足径5厘米

　　薄唇，敞口，深弧腹，下收尖底，小圈足。外壁刀刮凹棱形菊瓣纹一周。釉色近粉青，釉厚处呈翠色，釉薄处呈青白色，圈足露胎处呈朱色。从器型及釉色看，是南宋龙泉青瓷的典型产品。

12

粉青釉碗　宋代

高4.7厘米　口径8.7厘米　足径3.7厘米

　　圆唇，弧腹，下收圈足。施粉青釉，釉色粉青类天青，釉层莹润，釉面开片。

13

青釉菊瓣纹折沿碟　北宋

高4厘米　口径13厘米　足径5.5厘米

　　折沿，沿面内凹，内壁刮凹棱形菊瓣纹一周，釉色粉淡，釉层通透，釉面开片，展现了宋代龙泉窑的典型器型及釉质美感。

14

青釉菊瓣纹折沿碟　宋代

高4厘米　口径13厘米　足径5.5厘米

　　折沿，沿面内凹，敞口，浅弧腹，下收圈足。内壁有凹棱形菊瓣纹一周。釉色青翠，釉层通透，玻化感强，釉面开片。

　　南宋创烧的龙泉梅子青釉采用多次施釉法，釉层比粉青更厚，入窑后经高温强还原焰烧成，釉色莹润青翠，色如青梅。

15

青釉折沿碟　宋代

高3.6厘米　口径12.6厘米　足径5.5厘米

　　折沿，唇上卷，沿面内凹，弧腹，下收圈足，釉色类梅子青，釉层肥厚，乳浊感强。

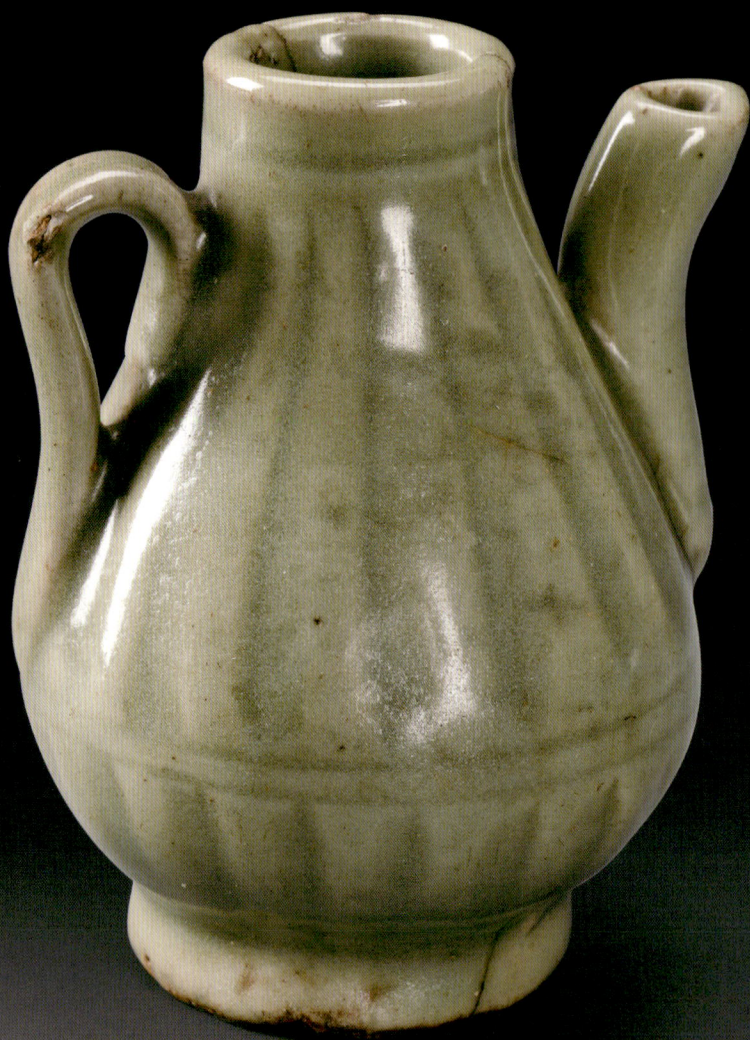

16

青釉菊瓣纹小壶　宋代

高9.2厘米　口径3.1厘米　腹径7.2厘米　足径4.8厘米

　　直口，溜肩，垂腹，曲流，圈足。器腹至底有凸棱形菊瓣纹一周，釉色青蓝，釉层厚薄不均，釉质莹洁温润，菊瓣凸起处釉层较薄透白胎。

17
青釉瓜棱形执壶　南宋

高9.5厘米　口径3.3厘米　足径5.2厘米

　　器作扁圆形，平盖饰乳钉钮，短流，腹上部微束，中部鼓突，下部内敛，圈足。釉色青灰，釉层薄透，釉面开片。

18

青釉菊形小盏　宋代

高4.8厘米　口径8.3厘米　足径2.8厘米

　　圆唇，多曲花口，撇口，斜腹下收，小圈足。器壁有内凹外凸棱形菊瓣纹。釉色青灰，釉层肥厚。菊花盏是花形瓷中较具代表性的一种，在宋代颇为流行。

19

黄釉杯　宋代

高3.4厘米　口径7厘米　足径3.6厘米

　　撇口，斜直腹，弧底，下收圈足。杯身光素，釉色土黄，釉层莹润，釉面亮泽。

　　北宋至明代，龙泉窑产出一定比例黄釉瓷器，如龙泉金村窑出土的北宋龙泉黄釉残器、大窑出土的南宋龙泉黄釉产品均不在少数。有学者认为此类黄釉产品不符宋代"尚青"审美，应将其放在龙泉窑产品主体——青瓷的体系中看待，大多属于青釉研烧过程中釉色未达标的残次品；也有观点指出，龙泉窑所产黄釉瓷器并非青瓷次品，有较高的独立审美价值。

20

黄釉小罐　宋代

高9厘米　口径3.5厘米　腹径9厘米　底径3厘米

　　圆唇外卷、束颈、鼓腹，平底，通体施黄釉，
釉层肥厚。

21

青釉印海水行龙纹小罐　宋代

高6.5厘米　口径3.5厘米　底径3厘米

　　圆唇外卷，束颈，圆肩，上腹扁鼓，下腹斜收，小平底外凸。上下腹分别模印再黏贴成器，上腹阳印行龙纹，下腹阳印海波纹，腹中相接处有凸棱。釉色淡青粉白，釉层肥厚晶莹。

　　龙纹作为中国传统吉祥图样之一，为宋代龙泉瓷罐中的典型纹饰，此小罐在形制及纹饰上皆较具代表性，可用作文房水注，也可用作药丸罐等。

22

青釉印海水行龙纹小罐　宋代

高8厘米　口径3.5厘米　腹径9厘米　底径3厘米

　　圆唇外卷，束颈，圆肩，上腹扁鼓，下腹斜收，
小平底外凸。上下腹分别模印再黏贴成器，上腹阳印
行龙纹，下腹阳印海波纹，腹中相接处有凸棱。釉色
暗青带灰，釉层肥厚。

23

青釉印莲瓣纹盖盅　宋代

通高8厘米　口径7.8厘米　足径6厘米

　　盖印覆莲，盅身直弧腹，下收圈足，外壁印
莲瓣纹。釉色灰青，釉层厚润，釉面开片。

24

青釉盖罐　宋代

通高6厘米　口径4厘米　足径3.9厘米

　　盖面平，盖内设子口，罐身母口，丰肩，斜鼓腹，下收圈足。釉色青黄近艾色，釉面光亮。

25
青釉四系盖盅　宋代

通高9.5厘米　口径10.4厘米　足径7.3厘米

　　盖面呈内高外低状，盖内设子口，罐身圆肩，鼓腹，下收圈足。釉色灰青，玻化感强，釉面开片。

26
青釉褐彩盖罐　宋代

通高7厘米　口径5厘米　足径5厘米

　　盖面呈内高外低状，盖内设子口，罐身母口，直沿、短颈、圆肩，鼓腹下收，釉层透明，玻化度高，釉色青褐，釉面开片，施褐釉点彩。

　　褐釉点彩是青瓷装饰手法之一，工艺始于西晋晚期，兴于东晋至南朝早期的浙江地区。龙泉窑在五代晚期已使用器口加施酱褐点彩的装饰技法，南宋至元代成为流行样式。

27
黄釉盖罐　宋代

通高5厘米　口径3.8厘米　足径3.6厘米

　　盖平顶，微凸，盖内设子口，罐身母口，丰肩，斜鼓腹，下收圈足。釉色土黄，釉层较厚，釉面光泽。

28

青釉盖罐　南宋

通高8.5厘米　口径5.2厘米　足径4.4厘米

斗笠盖，盖顶饰宝珠钮，盖内设子口，罐身母口，丰肩，斜鼓腹，下收圈足。通体光素，釉色青灰，釉层乳浊。

29

青釉盖罐　南宋

通高7厘米　口径4.8厘米　足径4.5厘米

　　盖平顶，盖内设子口，罐身圆唇，矮颈，圆鼓腹，下收圈足。通体施釉青黄近土色，釉层肥厚，釉面开片。

30
青釉莲瓣纹贴双鱼洗　宋代

高3厘米　口径13厘米　足径5.8厘米

　　折沿、敞口、浅弧腹、下收圈足。腹外壁饰莲瓣，瓣脊凸起，瓣周以细线刻划莲瓣轮廓，内底贴塑双鱼，首尾相对，釉色青白，釉质较厚。"洗"为文房用具，为书画过程中的沾水或洗笔用，贴双鱼洗乃南宋龙泉青瓷典型产品。

31
青釉莲瓣纹敛口洗　宋代

高5.5厘米　口径12.8厘米　足径4.3厘米

　　圆唇，敛口，斜腹，下收圈足。外壁刻凸棱形莲瓣纹一周，釉色青翠，釉层油润，釉面光亮。

　　笔洗是写字作画时供蘸水洗笔、保持笔毫清洁的器物，除了实用功能外，其雅致外观也是文人情趣的一种体现。

32

青釉莲瓣纹贴双鱼洗　宋代

高3.8厘米　口径13.5厘米　足径5.9厘米

　　折沿，敞口，弧腹，下收圈足。外壁作凸棱形莲瓣纹一周，内底贴塑首尾相对的鲤鱼一对，施青黄釉，釉层晶莹，釉面开片。

　　龙泉青瓷的釉色极其接近宋代所崇道教追求的青色，而双鱼和以黑白阴阳鱼为外观的道教"先天图"极为相似，且"鱼"与"余"谐音，有"年年有余"之吉祥义，故双鱼洗在宋代文房中盛行一时。

33
青釉盖盒　宋代

高3.6厘米　口径8.6厘米　足径5厘米

　　盒身与盖结合为扁圆形，盖缘下折成母口，盒为子口，直腹，下部向内弧收，平底，通体施青釉，釉肥润泽。

　　随着海外贸易的兴盛和妇女消费力提升，瓷盒在唐代出现，主要用途为盛装药品、香料和化妆用品。

34
青釉刻花三足炉　宋代

高9厘米　口径8.9厘米

　　圆唇，折沿，双立耳，短束颈，扁鼓腹，下承三乳足，束颈外壁刻绳纹一圈，腹外壁刻花草纹，釉色青白而带灰。

35
青釉洗口瓶　宋代

高14.8厘米　口径7厘米　腹径8.9厘米　足径6.2厘米

洗口，直颈，胆腹，圈足。釉色灰青，有浮光。

洗口瓶是瓶中的一类，"洗口"是指似浅腹笔洗的瓶口。

36
粉青釉鸟食罐　宋代

高3厘米　口径2.5厘米　腹径5厘米　底径2厘米

　　敛口、鼓腹、小平底，上腹一侧装圆形耳。釉色粉青，釉层滋润亮泽，如雨后碧空。

　　养鸟素为宋代文人所喜爱之雅事，连帝王也乐此不疲，《东京梦华录》曾记宋高宗时豢养鹦鹉、鸽子等鸟类，可见宋人的闲情雅致。

37

青釉菊形鸟食碟　宋代

高1.5厘米　口径5厘米　足径2厘米

　　敞口，浅弧腹，饼足，碟壁作内凹外凸棱形菊瓣状。釉色青黄近灰，釉层晶莹，釉面开片。远望如一素菊静放，让人心旷神怡。

　　鸟食碟用于喂养幼鸟和换羽期的雏鸟，可盛放多种干粉状饲料混合后加水调和而成的湿料。

第二章

元代

　　元代辽阔的疆土及进一步发展的海外贸易，促使龙泉青瓷在内需外销上大幅增长，产品风格更趋多元化。这一时期，龙泉窑产品流行大件器，胎质厚重，器型粗犷，釉色更趋凝重。同时，带有草原民族器用特征的高足杯等相伴而生，典型器如荷叶盖罐、环耳瓶、凤尾尊等亦开始盛行。装饰技法则由釉装饰向胎装饰发展，从厚釉、浊釉向薄釉、透釉发展，露胎产品更多。

38

青釉印花碗　元代

高6.4厘米　口径17厘米　足径6.3厘米

　　圆唇外卷，敞口，弧腹，下收圈足。外壁近口沿处有凹弦纹一圈，内壁、内底印花。胎质粗糙，有沙眼。釉色黄褐近灰，釉面浮光。

39

青釉印花碗　元代

高6.3厘米　口径16.7厘米　足径7厘米

　　唇外撇，弧腹，下收圈足。内底印花。
釉色暗青近艾色，釉层厚润，釉面光泽。

40
青釉印花碗　元代

高6.5厘米　口径16.8厘米　足径6.9厘米

　　唇外撇，弧腹，下收圈足。内底印花。釉色暗青近艾色，釉层厚润，釉面光泽。

41
青釉印花碗　元代

高7.8厘米　口径14.9厘米　足径5.4厘米

　　圆唇外撇，敞口，弧腹，下收圈足。外壁近口沿处有细弦纹一圈，内壁印花。釉色青黄近艾色，釉层微糙。

42
青釉印花碗　元代

高6.1厘米　口径17厘米　足径6厘米

　　圆唇外卷，敞口，弧腹，下收圈足。外壁近口沿处有凹弦纹一圈，内壁、内底印花。胎质粗糙，有沙眼。釉色黄褐近灰，釉面浮光。

43

青釉印花碗　元代

高5.3厘米　口径11.7厘米　足径4.1厘米

　　圆唇，敞口，深弧腹，近底处一圈内凹，折收圈足。
内底印花草纹。釉色豆青带黄，釉面开片。

44

青釉划云纹碗　元代

高7厘米　口径17.5厘米　足径5.5厘米

　　撇口，斜腹，下收圈足。内壁划云纹，落笔写意。釉色暗青近黄，釉层润泽，釉面光亮。

45

青釉花口碗　元代

高5.5厘米　口径12厘米　足径4.8厘米

　　花形撇口外翻，斜腹内弧，下收至底上鼓，口沿内壁一圈及角瓣外壁分瓣处刻双线，釉色翠碧，玻化感强，釉面开片。

46

青釉花口碗　元代

高5.5厘米　口径11.5厘米　足径4.8厘米

　　花形撇口外翻，斜腹内弧，下收至底上鼓，口沿内壁一圈刻双线，釉色粉绿，玻化感强，釉面开片。

47

青釉划菊瓣纹碗　元代

高5.7厘米　口径14厘米　足径6厘米

　　圆唇，敞口，弧腹，下收圈足。外壁刻
划菊瓣纹。釉色青黄，釉层粗薄有浮光。

48

青釉划莲瓣纹碗　元代

高6厘米　口径14.3厘米　足径6.2厘米

撇口，斜腹，圈足缺损多处。外壁浅划莲瓣纹一周，釉色淡青，
釉薄处姜黄色，足端无釉，露浅灰胎。

49

青釉碗　元代

高7.4厘米　口径14.5厘米　足径6.8厘米

撇口，斜腹，小圈足，内外施淡青釉，圈足无釉，釉面有褐色斑点。

50

青釉碗　元代

高8.2厘米　口径13.5厘米　足径5.6厘米

平唇，敞口，深弧腹，下收圈足，圈足较
高。口沿外壁刻两道弦纹一圈。釉色青白，釉层
乳厚晶莹，釉面开片。

51
青釉划莲瓣纹碗　元代

高6.1厘米　口径13.3厘米　足径6厘米

　　敞口圆唇，弧腹，圈足。外壁划莲瓣纹一周，釉色青中泛黄，釉层薄。

52

青釉印花花口碟　元代

高3.3厘米　口径12.6厘米

　　花口外撇，斜腹下收。内底印花卉纹。釉色青白，印花凸起处釉层较薄，可见胎色。

54

青釉碟　元代

高3.9厘米　口径17厘米
足径9厘米

　　束口，斜腹，矮圈足。内底刻折枝花卉纹，釉色淡青，釉层较薄，胎体粗厚，内外底无釉呈火石红。

53

青釉碟　元代

高3.1厘米　口径12厘米　足径5厘米

　　圆唇，敞口，浅弧腹，下收圈足。内底外边凸起弦纹一圈，中心不施釉，露胎处可见火石红。

　　元代产品部分采用砂垫饼叠烧，内底不施釉，器内套烧小型器物，如此件青釉碟。"火石红"为元明以来龙泉窑、景德镇窑所产瓷器露胎处所见朱色、橘色现象之统称，是胎体所含铁元素在烧成过程中以铁离子状态向器物露胎处富集，或烧制过程中外因作用造成的结果，在龙泉窑中，最常见于元代产品。

55

青釉印牡丹纹大盘　元代

高6厘米　口径32.5厘米　足径21厘米

　　圆唇外翻，敞口，浅弧腹下收，暗圈足。
内壁刻花、内底印牡丹纹。釉色青白，釉层较
薄，薄釉处透白胎。

56

黄釉刻花高足杯　元代

高12.8厘米　口径13.2厘米　足径4.4厘米

　　薄唇，花口外撇，折腹，底装高足，足部下端微外撇。内壁刻花草纹，足上部弦纹凸起一圈，足身竖刻三线直线纹数棱。施黄釉，釉色黄褐。

　　高足杯，同高足碗，又称"马上杯"，上为碗形，下有高柄，有学者认为其适用于蒙古人善骑喜饮之俗，尤盛行于元代。

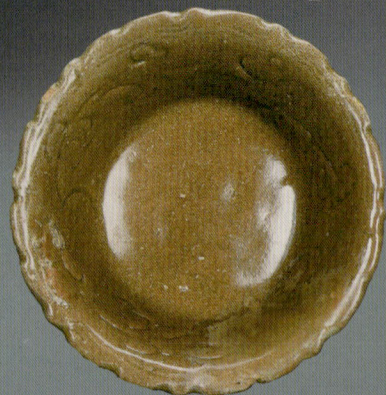

57

青釉高足杯　元代

高8.8厘米　口径8厘米　足径3.5厘米

　　圆唇外卷，口微撇，深弧腹，下设高足，
足沿喇叭形外撇。釉色青灰。

58
黄釉高足杯　元代

高9厘米　口径9厘米　足径3.2厘米

　　圆唇外撇，深弧腹，下设高足。釉色
米黄牙白，釉层较薄，釉面少量开片。

59

青黄釉高足杯　元代

高8.5厘米　口径11.3厘米　足径4.2厘米

　　圆唇外卷，口微撇，深弧腹，下设高足，足沿喇叭形外撇。
釉色青黄带灰。

60
青釉高足杯　元代

高8厘米　口径11.3厘米　足径3.7厘米

　　上部碗状，下部为高足，口微外卷，深弧腹，高足底呈喇叭状，施灰釉，釉层乳浊感强。

61

青釉敛口盏　元代

高3.8厘米　口径6.8厘米　足径3.3厘米

敞口，斜弧腹，下收圈足。釉色青灰偏褐，釉质较粗。

盏为杯的一种，饮酒、饮茶皆可，有时与盏托配套使用。

62
青釉敛口盏　元代

高3厘米　口径7.1厘米　足径3.5厘米

敛口，斜弧腹，近底处骤收，平底圈足，外壁刻莲瓣纹。釉色青灰偏褐，釉质较粗，底黏沙。

63
青釉敛口盏　元代

高3.3厘米　口径8.5厘米　足径4厘米

　　敛口，圆唇外翻，斜直腹，近底处骤
收，饼足。釉色暗青，多处黏沙。

64
青釉洗口瓶　元代

高29.5厘米　口径7.3厘米
腹径12.3厘米　足径6.5厘米

　　洗口，长颈，斜肩，胆腹，
下收圈足。釉色青黄近土色，釉
层轻薄。

65

青釉蒜头瓶　元代

高13.8厘米　口径2.2厘米　足径4.5厘米

　　口呈敛口蒜头形，细长颈，溜肩，鼓腹下垂，圈足。釉色青蓝，釉层较厚，釉面晶莹，圈足露胎处见褐色。

66

青釉划花梅瓶　元代

高26.3厘米　口径5厘米　足径6.5厘米

　　敛口，外卷唇，斜短颈有弦纹两周，圆肩饰莲瓣纹，下为花卉纹，腹下敛收，有弦纹十周，圈足无釉。釉色淡青泛黄。

67

青釉梅瓶　元代

高12.3厘米　口径2.7厘米　足径4.5厘米

　　小口，短直颈，丰肩，圆腹下收，圈足微撇。釉色天青，釉层晶莹，釉面开片。

　　梅瓶普遍形制为小口、短颈、丰肩、肩部以下逐渐收窄，因口径的大小同梅枝的细瘦而得名，造型挺秀俏丽，望之如婀娜多姿的少女。唐代便已出现，宋代称为经瓶，明代后呼作梅瓶，主要作酒器用，后世亦演变为花器。

68

青釉折口沿瓶　元代

高15.2厘米　口径5.9厘米　足径5.5厘米

　　反唇口，粗直颈，溜肩圆腹，圈足。深灰胎，灰青釉，釉层薄。

69

黄釉盖罐　元代

通高6.8厘米　口径4.5厘米　足径3.8厘米

　　盖平顶，盖下设子口，罐身带母口，丰肩，鼓腹，下收圈足。通体光素。釉色土黄，釉面有光泽。

70

黄釉盖罐　元代

通高5.8厘米　口径4.5厘米　足径4.3厘米

　　盖平顶，盖下设子口，罐身带母口，丰肩，鼓腹，下收圈足。
通体光素，胎质粗厚，釉色土黄，釉面有光泽。

71

青釉盖罐　元代

通高8.5厘米　口径5.5厘米　足径4.2厘米

　　盖作不卷曲平沿荷叶状，中央塑宝珠钮如荷叶内心，盖内子口较高，罐为母口，罐身斜肩，上腹鼓，下腹斜收，圈足。盖面釉色青碧，釉层莹润，罐身釉色淡青，釉层透亮，釉面开片。

　　南宋兴起荷叶盖罐，成为龙泉窑典型产品之一，至元代更为流行。

72
青釉印覆莲盖罐　元代

通高9.6厘米　口径7厘米　足径5.5厘米

　　盖面内高外低，直沿，中部凸起处印覆莲，盖内子口较高，罐为母口，罐身圆肩，上腹鼓，下腹斜收，暗圈足，釉色青灰暗褐。

73

青釉小水盂　元代

高3.5厘米　口径6.5厘米　底径4厘米

　　直口微敛，弧腹，下收平底，通体光素，
釉色青白，釉层肥厚，釉面少量开片。

74

青釉盂　元代

高3.4厘米　口径7厘米　足径2.9厘米

　　直口，弧腹，下收卧足。通体光素。釉色青灰，釉面有光泽。

75
青釉剔缠枝芙蓉纹樽式三足炉　元代

高19厘米　口径25.5厘米　底径15厘米

　　平沿内折，筒腹，下收平底，底沿外设三足，平底外凸。腹上、下分别印弦纹二圈，两道弦纹间剔缠枝芙蓉纹。釉色粉青，釉层乳浊而光亮。

76

青釉鬲式三足炉　元代

高8厘米　口径7.3厘米　腹径7.9厘米　底径3.2厘米

　　圆唇，折沿，束颈，鼓腹，底下有圈足，底部装
三足。釉色豆青，釉层晶莹，釉面开片，三足底部外
壁露胎处见朱色。

77

青釉鼎式三足炉　元代

高10.9厘米　口径10.4厘米　腹径11.6厘米

造型仿商周铜鼎，折沿微上翘，束颈，扁圆腹，底设三足，立有双耳。釉色青灰，釉层较厚。

龙泉窑鼎式炉盛行于宋元明三代，系文人焚香用具。

第三章

明代

明代早期，朝廷数次派内官监烧龙泉窑，生产出一批质量极高的『贡器』，使得明初成为龙泉青瓷艺术的又一巅峰时期。

永乐、宣德时期开始，景德镇窑就能烧出典型的龙泉窑产品，导致龙泉窑在竞争上失去优势；加之景德镇窑所产白瓷、青花、釉里红等导致陶瓷审美从单色釉瓷向器面装饰瓷转变，使得主打青瓷产品的龙泉窑受到冲击。正统年间，龙泉地区发生叶宗留矿工起义，龙泉窑的生产活动遭受重挫，而从明初开始反复厉行的海禁给了东南亚、东北亚地区仿烧的龙泉窑产品一定的市场空间，亦在某程度上造成龙泉窑产品海外市场的萎缩。诸种原因，导致成化、弘治后龙泉瓷器质量大幅下降。

78

青釉高身碗　明初

高8.5厘米　口径14.5厘米　足径6厘米

　　圆唇，敞口，深弧腹，下收圈足。碗内壁刻花草纹，外壁刮凹棱形菊瓣纹一周，釉色暗青，口沿薄釉处透灰胎。

79
青釉划花碗 明初

高11.5厘米 口径29厘米 足径13厘米

　　圆唇，敞口，深弧腹，下收圈足。外壁近口沿处划弦纹两圈，内壁近口沿处划弦纹一圈，内外壁均划花草纹。釉色青白，釉层轻薄，莹润有光泽。

80
青釉划花碗　明初

高12.3厘米　口径30.4厘米　足径12.9厘米

　　圆唇，敞口，弧腹，下收圈足。外壁
近口沿处划回纹一周，腹划花草纹，内壁
划缠枝花卉纹。

81

青釉碗　明初

高7厘米　口径15厘米　足径5厘米

撇口，弧腹，下收圈足。釉色近豆青。

82
青釉碗　明代

高8.5厘米　口径17.5厘米　足径9厘米

　　圆唇，敞口外翻，弧腹，圈足，釉层肥腴滋润。

83

青釉划折枝花卉纹碗　明代

高5厘米　口径16厘米　足径9厘米

　　薄唇外翻，撇口，斜腹宽底，下收圈足。
内底折枝花卉纹。釉色豆青，釉层油润。

84

青釉划折枝花卉纹碗　明代

高4厘米　口径15.5厘米　足径8.5厘米

　　圆唇，撇口，斜腹宽底，下收圈足，内底划折枝花卉纹。釉色粉青，釉层厚实莹润，釉面光泽自然。

85
青釉划折枝花卉纹碗　明代

高5厘米　口径16厘米　足径8.5厘米

　　圆唇外撇，敞口，弧腹，下收圈足。内底划折枝花卉纹。釉色豆青，釉层厚润，釉面有光泽。

86

青釉印花花口碗　明代

高1.4厘米　口径13厘米　足径5.5厘米

花形撇口，斜腹，下收平底，底下设圈足。
内底印花。釉色豆青，釉层厚润，釉面有光泽。

87

青釉碗　明代

高5.5厘米　口径14.3厘米　足径8.2厘米

　　圆唇外翻，微敞口、弧腹，下收圈足，通体光素，
釉色青翠，釉层有玻化感，釉面开片。

88
青釉荷叶形碗　明代

高4.1厘米　口径10厘米　足径3.5厘米

薄唇，五角形荷叶状撇口，弧腹，下收圈足。釉色青灰，釉层晶莹，釉面开片。

受理气论、格物论及心性论思想的影响，宋代士大夫在各类器物中追求取法自然的独特造型，体现其自然审美观。

89

青釉印人物纹碗　明代

高10.5厘米　口径17.5厘米　足径6.5厘米

　　圆唇、敞口、深曲腹、下收圈足，釉色黄褐，釉面光亮，内底中部阴印老虎纹样，内壁阴印六位人物及文字，谓"孔子忆颜回""李白功书卷""真子破棋开""关索武之才"，内外壁口沿下方阴印回纹一圈。

　　与该碗印花纹饰、字样相同或印饰手法相似的龙泉碗在我国多地均有出土，如福建永宁古井、吉林扶余油田砖厂明墓等。有研究指出，此类碗多产于龙泉东区道太、前赖一带窑场。

90
青釉孔明碗 明代

高7.2厘米 口径14.5厘米 足径5.2厘米

平唇，敛口，弧腹，下收暗圈足，底与碗心呈双层夹空，外底中孔通空腹，釉色青黄，釉层较薄，口沿薄釉处透白胎。

孔明碗是由两片碗胎上下黏接烧成，两碗中间留空，外碗底心设一圆孔的碗式，因有一"孔"而以"孔明"誉之，始烧于北宋龙泉窑。从实际功用考量，该碗应用于祭祀，显示盛放祭品之丰盛。

91
青釉孔明碗　明代

高5.3厘米　口径9.5厘米　足径4.8厘米

　　平唇，直口，弧腹，下收卧足。胎体厚重，中层留空，外碗底心设一圆孔。釉色青白，釉层肥厚，釉面开片。

92

青釉印梵文碗　明代

高13.9厘米　口径30.5厘米　足径13.6厘米

　　圆唇，敞口，斜腹，下收圈足。内壁刻花卉纹，内底印一梵文"吽"字，外壁上部印回字纹，下部印花卉纹。釉色青白粉淡，釉面莹润如玉。

93
青釉印花大碗　明代

高16.5厘米　口径31厘米　足径13厘米

圆唇，敞口，深弧腹，下收圈足。碗腹上部有弦纹一周，下饰云纹，下部刻弦纹二周与花卉纹，釉色青中泛绿，釉面开片，底无釉。

94

青釉碗　明代

高4厘米　口径12.5厘米　足径6.4厘米

撇口，斜腹，下收圈足。内壁划花草纹。
釉色米黄近青，釉层乳浊，釉面开片。

95

青釉碗　明代

高5.4厘米　口径13.4厘米　足径5.8厘米

　　圆唇，敞口，弧腹，下收圈足，胎色偏黄，釉色青灰，釉层肥厚有缩釉，釉面开片。

96

青釉印花碗　明代

高6.4厘米　口径15.6厘米　足径6.5厘米

　　敞口，圆唇，弧腹下收，圈足外撇。内底刻弦纹一周，内模印折枝花卉纹，除外底通体施青釉，施釉不均，有大片褐斑。

97
青釉印"福"字菊瓣纹碗　明代

高5.8厘米　口径13.9厘米　足径6.5厘米

敞口，斜弧腹渐收至底部，下收圈足。内壁底有弦纹一周，内印一"福"字，外壁刻菊瓣纹一周，釉色淡青。

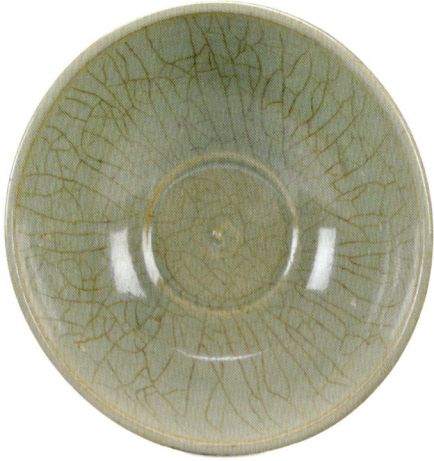

98

青釉划菊瓣纹碗　明代

高6.2厘米　口径14.2厘米　足径6.5厘米

敞口，斜直壁，圈足。外壁划菊瓣纹，
刀痕刚劲有力，釉色青中现姜黄色，足底无
釉呈赭红色。

99

青釉印雁鸟纹碗　明代

高7.5厘米　口径15厘米　足径6.7厘米

　　敞口，圆唇外翻，弧腹，下收圈足。
碗心模印一雁鸟纹，釉色近豆青。

100
青釉印雁鸟碗　明代

高7.5厘米　口径15厘米　足径6.7厘米

敞口，圆唇外翻，弧腹，下收圈足。外壁有凸弦纹一周，下方浅刻仰莲纹，内底印雁鸟纹，釉色近豆青。

101
青釉菊瓣纹折沿碟　明代

高3厘米　口径13厘米　足径6.5厘米

　　敞口，折沿，花口，斜腹，下收圈
足。内、外壁刮凹棱形菊瓣纹一周，内
底印花草纹。釉色淡青，釉层较薄，流
釉不均，凸棱处透胎呈青白色。

102
青釉菊瓣纹碟　明代

高4.5厘米　口径21厘米　足径9厘米

折沿，沿面内凹，撇口，斜腹，下收圈足。内壁刮凹棱形菊瓣纹一周，内底印花草纹。釉色类梅子青，釉层莹润，薄釉处透白胎。

103

青釉划花八角碟　明代

高3.5厘米　口径14厘米　足径7.5厘米

　　碗口八角形，撇口，圈足。内壁、内底划花草纹。釉色暗青，釉面开片，晶莹平润。

104
青釉划"寿"字碟　明代

高5厘米　口径24.5厘米　足径11.9厘米

　　圆唇，敞口，浅弧腹，下收圈足。内壁划竖线一周，内底草划"寿"字。釉色灰绿泛黄。

　　龙泉青瓷中此类"福""寿"器皿，亦为贺寿、赴喜宴之用，赠人陈设家中，增添喜庆。

105

青釉菊瓣纹碟　明代

高3.8厘米　口径16.8厘米　足径7.3厘米

　　撇口，浅斜腹，下收圈足。内壁刮菊瓣纹一周。
釉色青白，薄釉处透胎色，釉面酥光。

106

青釉碟　明代

高3.5厘米　口径14厘米　足径6.8厘米

撇口，浅斜腹，下收圈足。通体光素。
釉色米白带青，釉层肥厚，釉面光润。

107
青釉划花花口碟　明代

高3.3厘米　口径11.8厘米
足径6厘米

　　花口，弧腹，近底处内折，下收圈足。内外壁饰划花图案，釉色暗青。

108
黄釉花口碟　明代

高3厘米　口径12厘米　足径6.3厘米

　　花口外撇，浅腹斜壁，平底圈足。内壁刻海水纹及双重莲瓣纹，碟底有弦纹一道，内有折枝花纹。釉色米黄如凝脂。

109
青釉撇口碟　明代

高3.7厘米　口径14.3厘米　足径6.5厘米

撇口，圆唇，弧腹，近底处内折，下收圈足。
釉色青黄，釉层较薄，施釉不均，通体多处黏沙。

110

青釉印"福"字碟　明代

高2.8厘米　口径11.4厘米　足径5.7厘米

　　圆唇，撇口，弧腹，近底处内折下收圈足。内底印"福"字。釉色青淡灰白，釉层粗厚。

　　龙泉青瓷部分器物刻印"福""禄""大吉"等吉祥字词，多作日常饮食器具。

111

青釉印花花口碟　明代

高4.8厘米　口径17.8厘米　足径9.5厘米

　　花口外敞，弧腹，下收圈足。内壁划格纹，内底印花草纹，釉色近梅子青，釉面开片，内外底有积釉一周。

112

青釉碟　明代

高5.2厘米　口径15.9厘米　足径9厘米

　　圆唇外翻，敞口，弧腹，下收圈足。
釉色梅子青，釉面开片，釉厚处温润如
玉，外底刮釉一周露火石红。

113

青釉碟　明代

高4.6厘米　口径14.4厘米　足径8.1厘米

　　圆唇外翻，敞口，弧腹，下收圈足。釉色梅子青，
釉面开片，釉厚处温润如玉，外底刮釉一周露火石红。

114

青釉印花卉纹碟　明代

高4.4厘米　口径15.3厘米　足径8.2厘米

　　侈口，弧腹，下收圈足。碟心模印折枝花卉纹，釉色豆青，内壁底积釉一周，足端无釉处见火石红。

115

青釉印花卉碟　明代

高4.5厘米　口径15.4厘米　足径8.1厘米

  侈口，弧腹，下收圈足。碟心模印折枝花卉纹，釉色豆青，足端无釉处见火石红。

116
青釉菊瓣纹折沿大盘　明初

高6厘米　口径29.5厘米　足径12.5厘米

　　折沿，敞口，沿边圆唇内卷，沿面内凹，浅弧腹，下收圈足。内壁刮凹棱形菊瓣纹一周。釉色豆青，薄釉处透白胎。

117

青釉刻花折沿大盘　明初

高9厘米　口径51厘米　足径25.5厘米

　　折沿，敞口，浅弧腹内收，暗圈足。内底刻菱口开窗，内刻竹席纹，内壁刻花草纹。施豆青釉，釉层较薄，薄釉处透白胎。

　　明初，龙泉青瓷工艺达到又一巅峰，尤以釉底刻花与釉层厚薄间的平衡见称，该盘即是其中代表，刻花纤美，釉色莹润，明艳沉着。

118

青釉划花葵口折沿大盘　明初

高7厘米　口径33.8厘米　足径16厘米

　　折沿，沿边葵口，撇口浅斜腹，下收圈足。内壁等间划竖线纹，成花瓣式，内底外沿划弦纹一周，内底划花卉纹。釉色青白，薄釉处透胎色，釉面光亮。

119

青釉印花卉纹大盘　明初

高6.7厘米　口径34.5厘米　足径18.4厘米

圆唇，弧腹，下收圈足。胎体粗厚，内壁阴印缠枝花卉纹，内底心阳印牡丹纹。

120

青釉菊瓣纹花口折沿盘　明代

高6.9厘米　口径14.5厘米　足径7.6厘米

葵口折沿，沿面内凹，敞口，浅弧腹，下收圈足，内壁刮凹棱形菊瓣纹一周，内底印花卉纹。釉色青黄，釉层较薄。

121

青釉大盘　明代

高8.5厘米　口径42厘米　足径20厘米

　　敞口，浅弧腹，下收圈足。通体光素，釉色青白，釉层有玻化感，薄釉处透胎色，釉面开片。

122
青釉刻花花口盘　明代

高5厘米　口径19厘米　足径7.5厘米

　　花口外敞，弧腹下收圈足，内壁及盘心
划花卉纹，釉色青白，釉质莹润肥厚。

123

青釉折沿大盘　明代

高5.9厘米　口径29厘米　足径15.1厘米

　　沿口外翻，浅弧腹，下收圈足。釉色近豆青，釉面开绵密小片，外底刻一"则"字。

124

青釉印双鱼菊瓣纹盘　明代

高6.2厘米　口径26.4厘米　足径11.3厘米

　　唇口凸起，圆形板沿口，弧腹下敛，圈足。内壁刻菊瓣纹，盘心模印双鱼，双鱼之间有一折枝花卉纹，下方为水波纹，外底刻一"诗"字，釉色淡青，圈足裹釉，内有环形无釉垫烧涩圈，露胎。

125
青釉划花卉纹盘　明代

高5.5厘米　口径26.3厘米　足径15.3厘米

敞口，圆唇，浅弧腹，下收圈足。
内壁浅划花卉纹，釉色豆青，釉质莹润。

青釉菊瓣纹盘　明代

高5.4厘米　口径24厘米　足径10.3厘米

平折沿，浅腹，腹壁斜直，圈足微内敛。盘内壁刮菊瓣纹一周，盘心饰折枝花卉纹，釉色青翠，胎体厚重。

127
青釉划花盘　明代

高4.5厘米　口径24.2厘米　足径9.9厘米

　　折沿口，口边沿微凸起，浅弧腹，下收圈
足。内壁划祥云纹一周，盘心用单入侧刀法划扁
菊花纹，刀法流畅自然。釉色青白，通体开片。

128
青釉菊瓣纹折沿大盘 明代

高7.5厘米　口径32.5厘米　足径14厘米

　　圆唇，敞口，折沿，沿面内凹，斜腹，下收圈足。内壁刮凹棱形菊瓣纹一周。釉色淡青，釉层莹润。

　　常见于明代早中期的龙泉青釉菊瓣纹盘，许多都是当时依官样定制的产品，它们将青翠釉色及如玉色质完美结合，凸显"尚青"与"尚玉"理念。

129

青釉水波纹大盘　明代

高4厘米　口径28厘米　足径16厘米

　　圆唇，撇口，浅斜腹，下收浅圈
足。内壁有水波形篦纹。釉色暗青，
釉层轻薄，薄釉处透白胎。此类盘口
为圆滑唇状，不易伤人；盘腹浅张成
弧形，盘底平坦，适于盛装食物。

130
青釉印花大盘　明代

高6厘米　口径33.5厘米　足径18厘米

圆唇，敞口，弧腹，下收圈足。内底印花。釉色呈梅子青，宛如翡翠，釉质浑厚，釉层略带透明，与印花配合均衡，釉面光泽照人，如梅子初生，秀色可餐。

131

青釉印花葵口折沿大盘　明代

高6厘米　口径32厘米　足径16厘米

　　葵口折沿，沿面内凹，敞口，浅弧腹，
下收圈足。内壁刮凹棱形菊瓣纹一周，内底
心印花草纹。施豆青釉，薄釉处透白胎。

132

青釉菊瓣纹折沿大盘　明代

高9厘米　口径41厘米　足径15厘米

　　折沿，沿面内凹，撇口，斜腹，下收圈足。内壁刮凹棱形菊瓣纹一周，内底心印花草纹釉色青碧，釉层莹润，薄釉处透白胎。

133
青釉梵文大盘　明代

高7.5厘米　口径40厘米　足径23厘米

圆唇，撇口，浅斜折腹，下收浅圈足。内底心刻一梵文，乃藏传佛教六字大明咒中"唵嘛呢叭咪吽"中的"吽"字，内底周刻弦纹两圈。施梅子青釉，釉层肥润均匀。

梵文大盘是龙泉窑常见品类，应为六件一套，一说用作佛寺法物供奉于庙堂，一说专为外销而产。

134

青釉印花折沿盘　明代

高4.8厘米　口径22厘米　足径9.5厘米

　　折沿，敞口，浅弧腹，下收圈足。内底印花卉纹。
釉色青碧，釉层通透，釉面开片。

135
青釉印花大盘 明代

高8厘米 口径47.5厘米 足径22厘米

　　圆唇，撇口，斜腹，下收圈足。内底心阳印花卉纹。釉色豆青，近口沿釉层薄处透胎，釉面开片。

136

青釉刻花折沿大盘　明代

高7.5厘米　口径38厘米　足径19厘米

　　折沿，敞口，浅弧腹，下收圈足。釉色
豆青，釉层厚润，釉面有光泽。

137

青釉菊瓣纹葵口折沿大盘　明代

高6.2厘米　口径33.5厘米　足径17.5厘米

葵口折沿，浅斜腹，下收圈足。内壁刮凹
棱形菊瓣纹一周。釉色青白，釉面开片。

138

青釉刻花大盘　明代

高6.9厘米　口径28.9厘米　足径12.6厘米

撇口，折腹，圈足。盘内壁近口沿处、内底外圈、内圈刻弦纹两圈，内壁刻划缠枝花卉纹，内底心印牡丹纹。釉色青白，釉层轻薄。

139
青釉菊瓣纹葵口折沿大盘　明代

高6.6厘米　口径33.3厘米　足径14.5厘米

　　葵口折沿，沿面内凹，弧腹，下收圈足。
内壁刮凹棱形菊瓣纹一周，内底印花卉纹。釉
色青黄近艾色，釉层较薄，釉面光亮。

140
青釉划花折沿大盘　明代

高6.3厘米　口径30.5厘米　足径12.8厘米

　　折沿，敞口，浅弧腹，下收圈足。内壁划交叉篦纹及花草纹，内底划花草纹，落刀轻盈，写意抽象。釉色青白，釉层薄透，玻化感强，薄釉处透白胎，釉面开片。

141

青釉菊瓣纹折沿盘　明代

高6.7厘米　口径31.6厘米　足径14厘米

　　圆唇，敞口，折沿，斜腹，下收圈足。内壁刮凹棱形菊瓣纹一周，内底中心饰花卉纹。釉色青翠，胎体厚重。

142

青釉折沿大盘　明代

高7.6厘米　口径37厘米　足径17厘米

　　敞口，折沿，弧腹，下收圈足，平底。釉色豆青，釉面开片。

143

青釉大盘　明代

高4.9厘米　口径31厘米　足径14.1厘米

　　折沿，敞口，浅弧腹，下收圈足。通体光素。
釉色青白，釉层莹润，釉面开片。

144

青釉菊瓣纹折沿大盘　明代

高8.1厘米　口径43.6厘米　足径17.3厘米

　　折沿，沿面内凹，敞口，浅弧腹，下收圈足。内壁刮凹棱形细长菊瓣纹一周，内底刻折枝花卉纹。釉色淡青，釉层莹润，釉面有光泽。

145
青釉菊瓣纹花口折沿大盘　明代

高6.9厘米　口径33.5厘米　足径16厘米

　　菱花形口，折沿，弧腹，平底，圈足。内、外壁刮凹棱形菊瓣纹一周，盘底模印花卉纹。胎质坚硬致密，通体釉色豆青，多处黏沙，采用支圈垫烧法，盘底一环无釉，呈火石红色。

146
青釉印花卉纹盘　明代

高7.8厘米　口径36厘米　足径18厘米

　　敞口，圆唇，浅弧腹，矮圈足。内壁刻花纹一周，盘底模印折枝花卉纹，釉色淡青，玻化感强，釉面开片。

147

青釉菊瓣纹折沿大盘　明代

高7.2厘米　口径37.3厘米　足径18.3厘米

　　敞口，折沿，浅斜直腹，圈足微内敛。
盘内壁刮凹棱形菊瓣纹一周，内底心印折枝
花卉纹，釉色青翠，典雅端庄。

148

青釉划花大盘　明代

高7.7厘米　口径36.7厘米　足径20厘米

　　折沿，沿面内凹，敞口，浅弧腹，下收圈足。
内底划花卉纹。釉色青白，釉层晶莹，釉面亮泽。

149

青釉划花折沿大盘　明代

高6.6厘米　口径35.2厘米　足径15.8厘米

　　折沿，沿面内凹，敞口，浅弧腹，下收圈
足。沿面、内壁、内底划花卉纹。釉色青白，
釉层莹润，釉面有光泽。

150

青釉菊瓣纹折沿大盘　明代

高7厘米　口径32.7厘米　足径13厘米

敞口，圆唇，折沿，斜腹下敛，圈足。内壁刮凹棱形菊瓣纹一周，内底心模印花卉纹。釉色碧绿似玉，釉质厚重坚质。

151

青釉刻花大盘　明代

高7.6厘米　口径33.5厘米　足径15.6厘米

　　折沿，沿面内凹，斜腹，下收圈足。
内壁划云纹，内底划花草纹。釉色青白，
釉层通透，有玻化感，釉面光泽。

152

青釉划花纹盘　明代

高5.5厘米　口径33厘米　足径14.6厘米

　　敞口，折沿，弧腹下收，平底圈足。沿面及内壁外圈刻缠枝花卉纹，内底心印一折枝牡丹花卉纹，釉色青中泛白，温润如玉。

153

青釉划花八角大盘　明代

高5.9厘米　口径31厘米　足径13.3厘米

　　八角形折沿，沿边起唇线，浅折腹，下收圈足。
内底心模印折枝花卉纹。釉色豆青泛黄，釉层透明，
薄釉处透白胎，釉面开片。

154
青釉划花折沿大盘　明代

高8.7厘米　口径41.6厘米　足径21厘米

　　折沿，沿面微内凹，敞口，浅弧腹，下收圈足。
内底外周刮弦纹一圈，底心划花卉纹。釉色青白近灰，
釉层莹润。

155
青釉划花纹盘　明代

高7.5厘米　口径31.7厘米　足径14厘米

　　折沿口，弧腹，下收圈足。内壁外缘刻划花纹一周，盘底外侧积釉，釉色豆青，通体开片，外底黏沙无釉见火石红。

156
青釉印花花口盘　明代

高5.7厘米　口径32厘米　足径15.5厘米

　　花口外撇，折沿，弧腹下收，圈足。内外壁刻划菊瓣纹，内底模印折枝花卉纹，釉色近梅子青。

157
青釉划龙凤纹盘　明代
高8.7厘米　口径42厘米　足径19厘米

折沿口，短弧腹，平底圈足。内壁划龙凤纹，釉色暗青，釉面开片。

158

青釉盏托　明代

高2.5厘米　口径16厘米　足径6厘米

折沿，直腹，内底心贴塑一圆圈，为盏托与杯盏托接处。釉色青黄，釉层莹润，釉面开片。

159
青釉刻花卉纹杯　明代

高7厘米　口径8厘米　足径4厘米

　　敞口，斜直腹，下收圈足。口沿镶铜一圈，腹壁刻花卉纹。釉色青白近牙色，釉层较薄，釉面开片。

160
青釉杯　明代
高4.5厘米　口径4.5厘米　足径3厘米

　　直口，筒腹，下收圈足。釉色青褐，釉层
肥厚，有明显流釉痕迹，釉面光润。

161
青釉刻花杯　明代

高5厘米　口径6.8厘米　足径3.8厘米

敞口，圆唇，筒腹下收，圈足。
内外壁均间刻三线篦纹。釉色青黄，
釉面有浮光。

162

青釉贴塑露胎人物八角高足杯　明代

高17厘米　口径11.5厘米　足径5厘米

　　撇口，杯身呈八角形，八面各贴塑人物一位，下设高足。釉色青翠，釉层莹润，贴塑人物露胎，高足釉面开片。

163

青釉杯　明代

高2.9厘米　口径6厘米　足径3.7厘米

　　直口微敛，弧腹，下收平底。通体光素，釉色粉青，釉层肥厚，釉面少量开片。

164
青釉梅瓶　明代

高11.1厘米　口径2.2厘米　足径4.4厘米

　　圆唇外卷，小直口，短直颈，丰肩，下收束足。施天青釉，釉层晶莹，釉面开片。

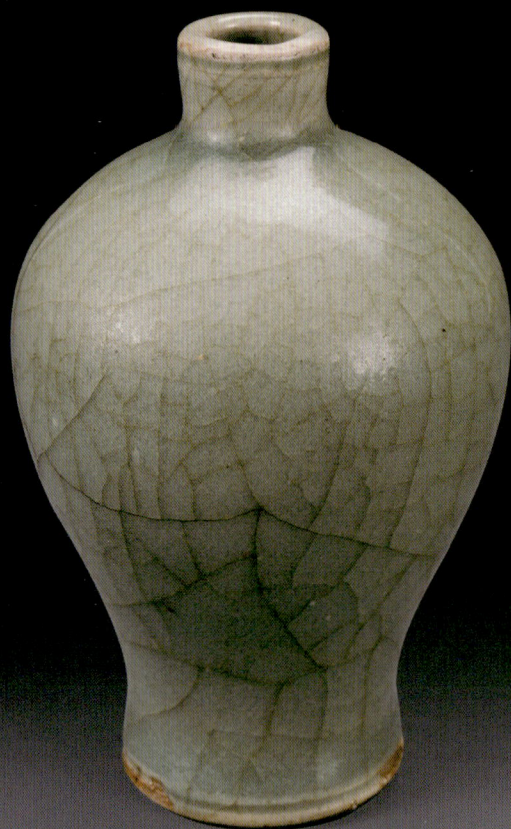

165

青釉梅瓶　明代

高21.8厘米　口径5.2厘米　足径7厘米

　　小口，圆唇，丰肩，肩下收至底，近底处微撇，圈足，平底，为典型明代梅瓶造型。釉色青翠，釉面开片，施釉不均，多处见褐斑。

166

青釉镂空器座 明初

高15厘米 口径23.5厘米 足径16.5厘米

　　菱口，折沿，束颈穿孔，下有弦纹一周，下腹斜收，腹壁设花形镂空，镂空之间暗刻花叶纹为饰，圈足，底中空。胎体厚重敦实，施豆青釉，釉层滋润有浮光。

　　明代龙泉窑开始烧造带镂空器座的器皿。因梅瓶头重脚轻，盛满酒后容易侧翻，故需此类器座支撑。梅瓶和器座可以活动装卸，十分巧妙。

167

青釉镂空器座　明代

高16.5厘米　口径24.9厘米　足径17.2厘米

菱口，折沿，束颈穿孔，下有弦纹一周，下腹斜收，腹壁设花形镂空，镂空之间暗刻花叶纹为饰，圈足，底中空。胎体厚重敦实。胎体厚重敦实，釉层莹润，釉面光泽。

168

青釉镂空器座　明代

高17.5厘米　口径25.8厘米　足径18厘米

　　菱口，折沿，束颈穿孔，下有弦纹一周，下腹斜收，腹壁设花形镂空，镂空之间暗刻花叶纹为饰，圈足，底中空。胎体厚重敦实。釉色青淡，釉层晶莹，釉面少量开片。

169

青釉镂空器座　明代

高17.3厘米　口径24厘米　足径16.7厘米

　　菱口，折沿，束颈穿孔，下有弦纹一周，下腹斜收，腹壁设花形镂空，镂空之间暗刻花叶纹为饰，圈足，底中空。胎体厚重敦实。釉色近梅子青，胎质细腻。

170
青釉镂空器座　明代

高15.7厘米　口径24.8厘米　足径15.5厘米

　　菱口，折沿，束颈穿孔，下有弦纹一周，下腹斜收，腹壁设花形镂空，镂空之间暗刻花叶纹为饰，圈足，底中空。胎体厚重敦实。釉色暗绿带黄，釉层较薄，釉面有光泽。

171
青釉镂空器座　明代
高17.2厘米　口径24.5厘米　足径15.7厘米

　　菱口，折沿，束颈穿孔，下有弧纹一周，下腹斜收，腹壁设花形镂空，镂空之间暗刻花叶纹为饰，圈足，底中空。胎体厚重敦实。釉色青白，釉层较薄，釉面莹润。

172

青釉镂空器座　明代

高18.8厘米　口径27.2厘米　足径18.5厘米

　　菱口，折沿，束颈穿孔，下有弧纹一
周，下腹斜收，腹壁设花形镂空，镂空之间
暗刻花叶纹为饰，圈足，底中空。胎体厚重
敦实。釉色豆青，釉层较薄，釉面莹润。

173

青釉镂空器座　明代

高18厘米　口径26厘米　足径17.3厘米

　　菱口，折沿，束颈穿孔，下有弧纹一周，下腹斜收，腹壁设花形镂空，镂空之间暗刻花叶纹为饰，圈足，底中空。胎体厚重敦实。釉色豆青，釉层较薄，釉面莹润。

174

青釉镂空器座　明代

高17.1厘米　口径26.9厘米　足径18.4厘米

　　菱口，折沿，束颈穿孔，下有弧纹一周，下腹斜收，腹壁设花形镂空，镂空之间暗刻花叶纹为饰，圈足，底中空。胎体厚重敦实。釉色豆青，釉层较薄，釉面莹润。

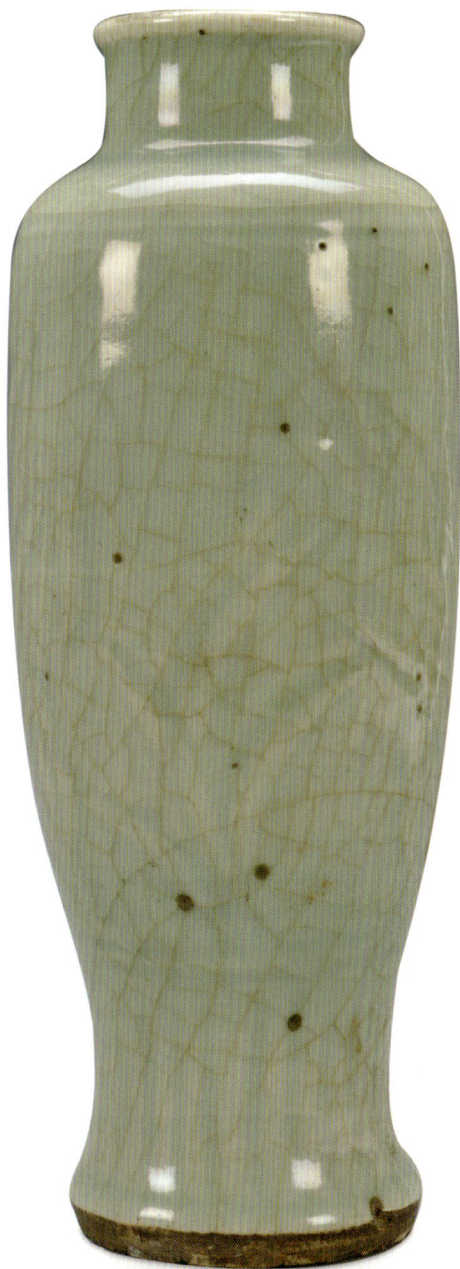

175

青釉印花瓶　明代

高22厘米　口径5厘米　腹径8.5厘米　足径6.5厘米

　　圆唇，直颈，丰肩，筒腹，下收高足，足沿外撇。瓶腹印花叶纹。釉色青翠，釉质通透，釉面开片。

青釉划格纹瓶　明代

高17厘米　口径3.5厘米
腹径8厘米　足径5.5厘米

　　圆唇外卷，直口，束颈，丰肩，瓜腹，下腹内收，近底处外撇，瓜腹外壁划格纹，是明代中晚期龙泉青瓷常见瓶式。

177

青釉印牡丹纹瓶　明代

高21.5厘米　口径4.5厘米
腹径9厘米　足径7厘米

圆唇外卷，直口，束颈，丰肩，瓜腹，下腹内收，近底处外撇，束颈近口沿外壁饰凸线弦纹一道一周，肩部阳印弦纹一道一周，近底阳印弦纹两道一周，瓜腹外壁阳印牡丹花叶纹。釉色亮碧，釉层透薄，薄釉处透白胎。

178

青釉划格纹瓶　明代

高37厘米　口径8厘米
腹径17厘米　足径9.5厘米

　　圆唇外翻，短直颈，
溜肩，鼓腹，圈足。外壁
刻菱形划花装饰，颈部、
近足处刻竖线纹，瓶外及
圈足内均施青釉，釉色暗
绿带黄，釉层透明，玻化
感强。

青釉划格纹瓶　明代

高22厘米　口径4厘米
腹径10厘米　足径6.2厘米

　　圆唇外卷，直口，束
颈，丰肩，瓜腹，下腹内
收，近底处外撇，瓜腹外壁
划格纹。釉色青白带翠，釉
层通透，釉面开片。

180
青釉印开窗折枝牡丹纹瓶　明代

高59厘米　口径17.5厘米　腹径24.5厘米　足径14厘米

　　圆唇，撇口，长颈，丰肩，圆腹，下收束足。颈及圆腹划菠萝纹，腹上开窗，内印牡丹纹，足上印棕叶纹。口沿圆唇施褐釉一圈，瓶体釉色暗绿，釉层较薄。

181
青釉刻花叶纹瓶　明代

高23.3厘米　口径10.6厘米　足径9厘米

　　喇叭口，长颈，溜肩，鼓腹，腹以下渐收，圈足外撇。颈上部饰弦纹三周，腹部主题纹饰为折枝花卉纹，下腹、胫部有弦纹四周。釉色青淡温润，釉面开片。圈足露胎呈火石红。

182

青釉小瓶　明代

高4.6厘米　口径2.1厘米　足径2厘米

　　圆唇，束颈，斜肩，上腹鼓。釉色青白近牙色，釉层晶莹，釉面开片。

183
青釉瓶　明代

高14.6厘米　口径4厘米　足径5厘米

　　小口，圆唇外翻，短颈，折肩，筒腹下收，平底，圈足。釉色淡青，玻化感强，釉面开片。

184
青釉刻花高身瓶　明代

高20.2厘米　口径7.2厘米　足径7.8厘米

敛口微侈，广肩饰弦纹一周，筒腹下微收，平底圈足。釉色青中泛白、釉层较薄，釉面开片。

此类瓶又称象腿瓶、一统瓶、筒式瓶，始见于明代万历朝，在清初顺治、康熙两朝被赋予"大清天下一统"的寓意，从而成为民窑中最为流行的器物。

185

青釉刻竹纹高身瓶　明代

高16.7厘米　口径6.4厘米　足径7厘米

　　平唇起沿线，短束颈，斜肩下折，筒腹，下收平底。外壁上部等距贴弦纹四圈，近底处等距贴弦纹三圈，两组弦纹间贴竹叶纹。釉色粉淡类天青，釉层晶透，釉面开片。

186
青釉刻花双铺首耳瓶　明代

高18.4厘米　口径6.4厘米
足径6.3厘米

　　撇口，短颈，溜肩，鼓腹，
圈足无釉。颈两侧对称置兽耳，
肩部凸起弦纹两周，外壁刻缠枝
花纹。釉色青绿，纹饰立体感
强，花叶阴阳向背分明，刀锋犀
利，线条流畅。

187

青釉弦纹胆瓶 明代

高19.8厘米 口径4.1厘米
足径5.5厘米

　　直口，圆唇，长颈，
鼓腹，下收圈足。颈中装
饰两组弦纹，釉色暗青，
足底露胎处见火石红。

188
青釉长颈瓶　明代

高15.8厘米　口径4厘米　足径5.8厘米

　　口微撇，细长颈，溜肩，肩与颈相接处有弦纹两周，圆腹下垂，圈足。釉色青灰，釉面开片，胎质灰白。

青釉瓶　明代

高16.6厘米　口径5.9厘米
足径9.5厘米

　　圆唇，直口，长颈，
鼓腹下垂，圈足无釉。釉
色淡青，玻化感强，釉面
开片。颈部后期加工过。

190
青釉透雕缠枝牡丹纹玉壶春瓶　明代

高28.2厘米　口径4.3厘米　足径9厘米

　　撇口，长颈，垂腹，圈足，形类玉壶春瓶，瓶内有一内胆，已碎。颈刻蕉叶纹、叠山纹，腹部透雕缠枝牡丹纹，近底部刻菊瓣纹。内外满施青釉，釉色粉淡，釉层晶莹，厚薄有致，颇富立体感。

　　玉壶春瓶为北宋时期所创烧，早期作酒器之用，至明清，兼作花器，是龙泉青瓷的典型器物，以简练的造型和线条见称。

191

青釉印花双环耳瓶　明代

高25.5厘米　口径8.3厘米　足径10厘米

　　器身方扁，盘口，长颈，鼓腹，束脚下撇盘足。颈部左右两侧置双耳，扣双环，环作扭绳状。腹部外壁印格子纹。釉色暗绿，釉层透薄，釉面光亮。

192
青釉双耳盘口瓶　明代

高26.5厘米　口径7.3厘米
足径8.3厘米

　　盘口，长直颈饰如意形
双耳，肩承两宝珠，斜直腹
下收，胫外撇，圈足平底。
釉色淡青，釉面开片，此类
型器物多用作随葬品。

193
青釉长颈盘口瓶 明代

高11.7厘米 口径4.2厘米 足径5厘米

　　盘口，长颈，折肩，筒形腹，圈足，
形若砧锤。釉色暗青，釉层晶透，玻化感
强，釉面开片。

194
青釉觚　明代

高22.5厘米　口径15.5厘米　腹径7厘米　足径8厘米

　　圆唇，喇叭型口，中腰凸起，胫至足部外撇，平底，底下有圈足。釉色近粉青，粉淡匀净。

195
青釉刻花花口觚　明代

高26.8厘米　口径16.4厘米　足径9厘米

　　花口外侈，中腰凸起，胫至足部外撇，平底，底下有圈足。釉色近粉青，釉层肥厚，釉面匀净。

　　宋代文人追复三代，喜仿商周青铜觚之造型纤美典雅，将其用作案头把玩雅物，多作插花器。明清时，觚被广泛用作陈设器。

196

青釉乳钉纹觚　明代

高22.5厘米　口径14.7厘米　足径7.8厘米

喇叭口，长颈，中腰外凸，圈足外撇无釉。口、足饰乳钉纹，胎体绵密，釉色青翠，釉面开片。整件器物的外型完全仿自商周青铜觚，甚至连青铜觚上的乳钉纹也加以模仿，造型秀美挺拔。

197

青釉盖罐　明代

通高7.1厘米　口径4.8厘米　足径3.8厘米

盖作斗笠形，中央有一宝珠钮，盖与罐身为子母口，罐短颈，鼓腹，圈足，釉色暗青，釉层较薄。

198
青釉瓜棱罐　明代

高6厘米　口径5.1厘米　足径3.8厘米

敛口，短颈，丰肩，鼓腹，腹下内收，饼形足。腹壁作凸棱分多片瓜瓣状，器壁内外遍施天青釉，釉色粉淡，凸棱脊处薄釉透白胎，凹处釉厚色深，釉层晶莹。

瓜棱罐属明代龙泉典型植物类象生瓷，在民间罐类器物中十分常见。

199
青釉划格纹坛　明代

高23厘米　口径12厘米　腹径19.5厘米　足径12厘米

　　圆唇，直口，丰肩，鼓腹，下收圈足。肩部刻弦纹两圈，鼓腹外壁刻格纹，近底处刻竖条纹一周，刻弦纹三道。釉色青碧，釉面光亮。

200

青釉划花罐　明代

高28厘米　口径16.6厘米　足径20厘米

敛口，短颈，丰肩，腹下收，卧足。肩饰蕉叶纹一周，下有弦纹三周，下浅划缠枝花卉纹，釉色淡青。

201

青釉划格纹樽式三足炉　明代

高20厘米　口径28厘米　底径10.5厘米

平沿内折，筒腹，下收平底，底沿外设三足，平底外凸。腹壁划格纹。釉色翠青，施釉不均，釉层较薄。

202

青釉刻花三足炉　明代

高13厘米　口径30厘米　底径12厘米

　　圆唇内收，鼓腹，腹壁底沿外贴三足。外壁刻细长竖条纹。釉色青淡，
釉层较薄，釉面开片。

203

青釉划花樽式三足炉　明代

高9.3厘米　口径13.6厘米　底径11.9厘米

　　平唇，直口，筒腹，外壁底沿贴三足。腹壁划花卉纹，近口沿、底沿处刻弦纹一圈。釉色青白，釉层薄透，釉面开片。

204

青釉乳钉鼓式三兽足炉　明代

高11厘米　口径33厘米　底径11.2厘米

　　敛口，鼓腹，下设三兽足。外壁近口沿处刮凹棱弦纹一圈，上贴乳钉。釉色青黄近艾色，釉层较薄。

205

青釉刻花三足炉　明代

高10.9厘米　口径26.5厘米　底径7.2厘米

　　折沿口，短颈，弧腹下收，平底，饰有三兽足。颈部刻祥云纹，腹部刻菱形花纹。釉色淡青，玻化感强，釉层较薄，内壁釉面开片。

206

青釉划花三足炉　明代

高10.8厘米　口径20.8厘米　底径6.5厘米

宽唇，口微敞，束颈，鼓腹，下设三足。颈沿贴带式双耳，腹外壁划花草纹。釉色青白，釉质莹润通透。

207

青釉印八卦纹双耳炉　明代

高14.4厘米　口径23.9厘米　底径10厘米

折沿口，短颈，口沿上置对称绞丝双环耳，鼓腹下收，设有三足，平底。腹上部刻花卉纹，下部饰八卦纹，釉色暗青，釉面开片，炉内外底无釉露火石红。

208
青釉划弦纹樽式三足炉　明代

高13.1厘米　口径22.9厘米　底径14.5厘米

　　平沿内折，筒腹，下收平底，底沿外设三足，平底外凸。腹上等距离刻宽弦纹数道。釉色青白近灰，釉面开片。

209
青釉贴八卦纹樽式三足炉　明代

高17厘米　口径26厘米　底径19.7厘米

　　平沿内折，筒腹下收平底，底沿外设三足，平底外凸。器腹贴等距弦纹两圈，弦纹间贴八卦纹。外壁刻花草纹。器壁竖刻铭文"碧江赵裕德堂祭器"。釉色灰黄，釉层粗厚。

210

青釉划花三足炉　明代

高12.2厘米　口径29.3厘米　底径8.2厘米

折沿、束颈、鼓腹，下设三足。腹外壁划花草纹。
釉色灰白、釉层较薄、釉面光亮。

211

青釉划花三足炉　明代

高12.3厘米　口径27.7厘米　底径7厘米

　　折沿，束颈，弧腹，下设三足。颈外壁划波浪纹，腹外壁划格子纹。釉色青白，釉层薄透，釉面开片。

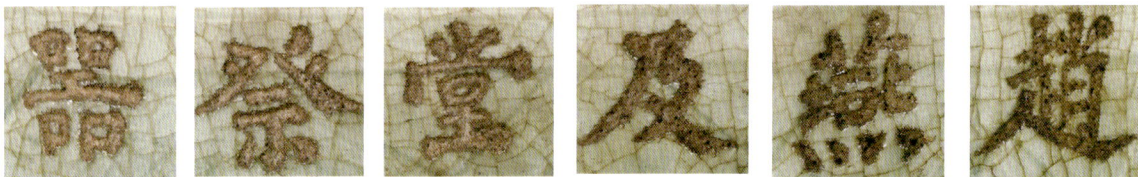

212
青釉划格纹樽式三足炉 明代

高18.2厘米 口径25厘米 底径9.8厘米

　　平沿内折，筒腹，下收平底，底沿外设三足，平底外凸。器沿外壁刻铭文
"赵燕及堂祭器"。整器粗刻格子纹。釉色青蓝，釉层厚薄不均，釉面开片。

213

青釉划格纹樽式三足炉　明代

高17.9厘米　口径25.6厘米　底径10.7厘米

　　平沿内折，筒腹，下收平底，底沿外设三足，平底外凸。釉色青黄，施釉较薄，外壁开片，内外底无釉呈火石红。

214

青釉划花三足炉　明代

高12.8厘米　口径30.9厘米　底径10.8厘米

　　折沿，束颈，弧腹，下设三足。腹外壁划格子纹。
釉色青白，釉层通透，釉面开片。

215

青釉刻花樽式三足炉 明代

高17厘米 口径27.5厘米 底径10厘米

平沿内折，筒腹，下收平底，底沿外设三足，平底外凸。外壁
刻花卉纹，间有凸弦纹两周，底开一圆形小孔，釉色淡青。

216
青釉贴八卦纹樽式三足炉　明代

高16.8厘米　口径23.2厘米　底径20厘米

　　平沿内折，筒腹，下收平底，底沿外设三足，平底外凸。腹壁上下各贴弦纹一圈，两弦纹间贴八卦纹一周。釉色淡青，薄釉处透胎色，釉面有光泽。

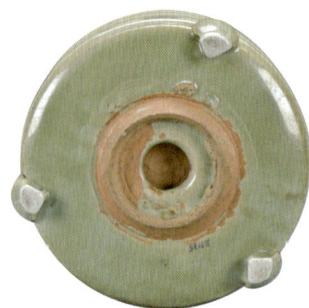

217
青釉划格纹三足炉　明代

高9.4厘米　口径23.2厘米　底径10厘米

　　折沿，束颈，扁鼓腹，下收圈足，底设三足。炉腹有弦纹一周，下刻菱形花纹，釉色青白，器型工整浑重，优雅肃穆。

218
青釉印八卦纹鼓式三兽足炉　明代

高7.3厘米　口径23.4厘米　底径8.8厘米

　　平唇，鼓腹，下收平底，底下设三兽足。口沿外壁贴乳钉，腹外壁印八卦纹一周。釉色米白带青，釉层乳浊，釉面酥光。

219

青釉三兽足炉　明代

高16.1厘米　口径15.9厘米　底径4.3厘米

　　板口，短直径，鼓腹，下承三兽足，小圈足。
颈、腹有凸弦纹三周，釉色淡青泛白，颈部釉面开
片，澄净透明。

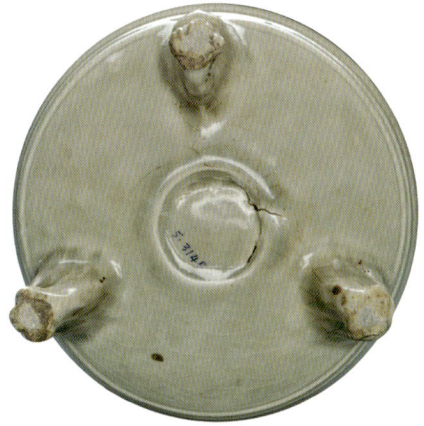

220

青釉划花三兽足炉　明代

高14.4厘米　口径31厘米　底径12厘米

　　折沿，束颈，扁鼓腹，下设三兽足。颈外壁划云纹，腹外壁划弦纹间花草纹。釉色青碧，釉层通透，釉面润泽。

221

青釉乳钉鼓式三兽足炉　明代

高7.2厘米　口径22.4厘米　底径7.6厘米

　　内折沿，扁鼓腹，下收圈足，底沿设三兽足，口沿印弦纹一圈，上贴乳钉。釉色青白，釉层莹润，釉面有光泽。

222

青釉双耳炉　明代

高6厘米　口径7.7厘米　足径5厘米

直口，圆唇，短颈有弦纹一周，下腹外鼓，饰有双耳，圈足。釉色淡青洁莹，釉面开片，圈足无釉呈朱红色。

此炉仿商周青铜簋造型，制作精细，形体匀称，端庄秀美。

青釉刻花三足炉　明代

高3厘米　口径5.2厘米　底径2.2厘米

　　圆唇内卷，敛口，鼓腹，底设三足外撇，炉内设圆柱形香台，外壁近口沿处刻弦纹一周，下刻花草纹。釉色淡青泛灰，釉层厚薄与刻花间取得较好平衡，釉面莹润。

225
青釉划花樽式三足炉　明代

高19.1厘米　口径26.8厘米　底径23.5厘米

　　平沿内折，筒腹，下收平底，底沿外设三足，平底外凸。腹近口沿处刻竹席纹及饰凸起弦纹一圈，中、下腹刻花草纹一周。釉色青白，釉面莹润。

226
青釉印花三足炉　明代

高11厘米　口径22.7厘米　底径8.5厘米

　　折沿口，短直颈，扁圆腹，圈底，下承三只上宽下窄的足。颈与腹以印花装饰，釉色天青，釉面开片，内外底无釉见火石红。

227

青釉双耳炉　明代

高10.9厘米　口径10厘米　足径7.8厘米

　　圆唇，口外翻，束颈，肩与上腹两侧装双耳，鼓腹，下收圈足。釉色类粉青，釉层肥厚，釉面开片，足底露胎处见火石红。

228

青釉印八卦纹三兽足炉 明代

高5.6厘米 口径17厘米 底径8.5厘米

束口，折沿内敛，弧腹下收，饰有三等距兽足，平底外凸。炉腹模印八卦纹一周，釉色淡青，釉面开片，内外底无釉见火石红。

229
青釉三足筒式炉　明代

高8.6厘米　口径12厘米　底径5.4厘米

　　平沿内折，筒腹下收平底，底沿外设三足，平底外凸。釉色淡青，开片，炉外底与内壁大片无釉呈火石红，此炉小巧精致，或用于几案陈设。

230

黄釉镂雕菊瓣纹笔筒　明代

高10.8厘米　口径10.4厘米　足径8.5厘米

　　圆唇，直口，筒腹，卧足，腹壁镂雕菊瓣纹，
釉色脂黄，釉层较厚，釉面开片。

231
青釉屏风式笔插　明代

高14厘米　长12.2厘米　宽4.2厘米

　　屏风状，屏面饰两道凸棱，内浮雕双凤，下有座，屏后为圆形笔插，为置于案头的砚屏，釉色青绿泛蓝。

　　笔插为书斋案头的文房用具，此类屏风式笔插为龙泉窑在明代中期以后烧制的新器类，形制上模仿其他材质的砚屏，装饰题材丰富多样。

232
黄釉贴双鱼洗　明代

高3.8厘米　口径12厘米　足径5.8厘米

　　折沿、敞口、沿面下凹、浅弧腹、下收圈足，内底凸起弦纹一圈，贴塑双鱼，首尾相对。釉色黄褐，釉薄莹润，釉面有光泽。

　　作为龙泉窑的典型产品，贴双鱼洗在元代仍多见，明代逐渐减少。

233
青釉水注　明代

高6.7厘米　口径3厘米　底径3.5厘米

　　圆唇，小口，短颈，丰肩，鼓腹，下收平底。釉色天青带灰，釉层透亮，釉面开片。

　　水注为案头贮水之器，亦称"水滴""砚滴"，为磨墨添水之用，一般有进水孔和注水的流，为文人喜爱的案头文玩。

234
青釉印折枝牡丹纹鼓凳　明代

高40厘米　面径24厘米　底径22厘米

　　凳面平，斜肩，鼓腹，下收平底。凳面下三分之一处外壁起凸棱，顶印花卉纹，凳腹印开窗，内印折枝牡丹纹。釉色青绿，釉面有光泽。

235

青釉印折枝牡丹纹鼓凳　明代

高40.5厘米　面径24厘米　腹径30厘米　底径21厘米

　　凳面平，斜肩，鼓腹，下收平底。凳面下三分之一处外壁起凸棱，顶印花卉纹，腹壁印折枝牡丹纹。釉色青白，釉层透薄，釉面开片。

236

青釉印折枝牡丹纹鼓凳　明代

高40厘米　面径25.7厘米　腹径31.5厘米　底径22厘米

　　凳面平，斜肩，鼓腹，下收平底。凳面下三分之一处外壁起凸棱，顶印花卉纹，凳腹印开窗，内印折枝牡丹纹。釉色青绿，釉面有光泽。

237
青釉印折枝牡丹纹鼓凳　明代

高41厘米　面径24厘米　腹径30.2厘米　底径20厘米

　　凳面平，斜肩，鼓腹，下收平底。凳面下三分之一处外壁起凸棱，顶印花卉纹，腹壁印折枝牡丹纹。釉色暗青，釉层透薄，釉面开片。

238
青釉刻花花口盆　明代

高18厘米　口径17.2厘米　足径16厘米

　　花口，深弧腹，圈足。花盆内外均施青釉，内、外底部均露胎无釉。内壁饰祥云纹，底中心开一渗水圆孔。外壁刻缠枝花纹，花朵硕大，线条流畅，近底处饰莲瓣纹一周。

239
青釉镂空花插　明代

高20.2厘米　口径10.5厘米　足径9.5厘米

　　由两部分组成，上部敞口圆唇，弧腹下收，通体开不规则镂空小孔。下部为一器座，花口与上部相接，鼓腹，开有花形镂空小孔，圈足外撇，底中空。釉色天青，胎质绵密，上、下两部应是分别烧造再合模而成。

青釉真武大帝像　明代

高24.6厘米　底12.5厘米×10.5厘米

造像披发垂肩，双目微垂，身穿锦袍，右手扶膝，左手垂下置于左膝外侧，露出五指，跣足，胎质细腻，釉色天青，头、手、足露胎无釉，呈火石红。像中空，背部开一圆孔。

真武大帝古称玄武，民间又称北帝、黑帝、玄天上帝等，道教尊奉的大神之一，传说为太上老君第八十二次变化之身，属水，故民间认为其能治水降火，解除水火之患。

241
青釉布袋和尚坐像　明代

高16厘米　底12.5厘米×8厘米

　　造像笑容盈面，身着僧袍，佛珠佩于胸前，形裁腰胶，袒胸而出，蟠腹尽露，手执布袋。胎质坚致细腻，釉色青绿粉淡，面部、胸腹、手足均不施青釉，露赭色胎体。

　　布袋和尚，传说为五代高僧，以神异著称，杖肩荷布袋云游四方，故名。其为时人指作弥勒佛化身，遂取代弥勒佛而为后世佛教供奉之像，寓意吉祥富贵。

第四章

清代至当代

明代中期以后，龙泉窑的发展已渐趋衰落，进入清代，产品质量逐渐下降，窑口分布范围缩小，所出青瓷，胎骨粗硬，呈灰或灰白色，釉层薄透呈青灰或青黄色。

民国时期，仍有以家族或师徒方式传承龙泉青瓷烧制技艺者。其中，李生（三）和、张义（贰）昌、龚三兴等瓷坊便是典范，而徐渊若、陈佐汉等匠人亦为龙泉青瓷文化传承做出了积极的贡献。

1957年，轻工业部颁布《关于恢复历史名窑的决定》，拉开了龙泉窑恢复生产的序幕。至今，专家不断钻研，在继承传统的基础上推陈出新，创作出日新月异的龙泉瓷器精品，使龙泉之美日月重光。

青釉划花卉纹碗　清代

高5.1厘米　口径16.5厘米　足径10.2厘米

　　敞口，圆唇，深腹下垂，平底圈足。
内底有一浅折枝花卉纹，釉色天青，外底
无釉露火石红，多处黏沙。

243

青釉碗　清代

高5.8厘米　口径14.6厘米　足径7.7厘米

　　敞口，斜直腹，圈足。釉色天青，釉面开片，口沿釉薄呈酱黄色。圈足内露胎。

244

青釉划花卉纹碟　清代

高4.7厘米　口径16.4厘米　足径8.8厘米

　　撇口，弧腹下收，矮圈足。碟心浅划折枝花卉纹，
釉色梅子青，釉面开片。

245
青釉划花卉纹碟　清代

高5.4厘米　口径16.2厘米　足径8.9厘米

　　撇口，弧腹下收，矮圈足。碟心浅划折枝花卉纹，釉色梅子青，圈足内无釉露火石红。

246

青釉划花折沿碟　清康熙

高5.5厘米　口径20.5厘米　足径11厘米

　　圆唇内卷，折沿，沿面内凹，敞口，
斜腹，平底下设圈足。盘沿、内壁、内底
划花草纹，落刀轻松，写意抽象。釉色青
碧，釉层透明，玻化感强，薄釉处透白
胎，釉面开片。

247
青釉划飞鸟纹碟　清代

高4厘米　口径19.3厘米　足径8.8厘米

　　敞口，浅弧腹内收，暗圈足。沿边内壁及内底
外围划弦纹一圈，内壁划水波纹，内底划飞鸟纹，
落刀轻盈，抽象写意。釉色天青带灰，釉层晶透，
玻化感强，薄釉处透白胎，釉面开片。

　　明中后期至清代，龙泉窑的工艺和质量有所下
降。该盘胎质较前朝同类产品粗厚，划花刀法渐趋
抽象，是该时期常见产品。

248
仿宋青釉瓜棱折沿碟　民国

高3.6厘米　口径11.9厘米　足径4.2厘米

　　圆唇，折沿，敞口，弧腹，下收圈足。碟外壁刀刮凸棱形菊瓣纹一周，内底中心露胎，钤方印，阳刻"河滨遗范"。釉色青白，釉层肥厚莹润，粉淡似玉。

　　该碟为民国仿烧，所仿为南宋龙泉典型款。"河滨遗范"款是龙泉窑产品常见之标志。所谓"河滨"即舜制陶之地，以"河滨遗范"自居，即宣示该产品承舜陶正宗。国内出土此类款识之龙泉产品多为南宋时期所造，亦有元代者。

249

青釉划花双环摩羯耳瓶　清初

高24.9厘米　口径9.2厘米　足径9.2厘米

　　喇叭形口，长颈，上部有弦纹三周，下饰有双环摩羯耳一对，腹微鼓下敛，刻折枝花纹，胫部有弦纹两周，圈足外撇无釉露火石红。釉色淡青，釉层较薄，釉面开片。

青釉瓶　清代

高13厘米　口径3.9厘米　足径4.5厘米

撇口，窄长颈，斜肩，胆腹，圈足。瓶口沿外壁阴刻弦纹两圈。釉色青白，釉面开片。

251
青釉刻花凤尾尊　清代

高32厘米　口径13.2厘米　足径8厘米

　　喇叭形口，长颈，鼓腹下收，至底又广，状似凤尾。颈腹刻折枝牡丹纹。釉色天青，釉层透明，薄釉处透白胎，釉面开片。

　　凤尾尊在清代龙泉窑中尤为盛行，为插花雅器。

252

青釉福寿纹双环耳扁瓶　清代

高15.6厘米　口径5.9厘米×4.8厘米
足径7.6厘米×6.7厘米

喇叭口，直颈，溜肩，圆腹下
垂，胫外撇，圈足。胫饰乳钉纹，肩
有一对双环耳，下为弦纹三周，腹外
壁两侧各贴塑一寿桃纹，桃心有花卉
三枝并印"寿""福"字样，釉色近
粉青，圈足无釉，黏沙。

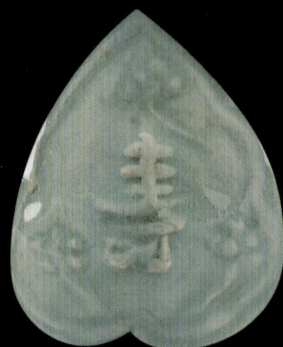

253
青釉双鱼耳瓶　当代
高15.6厘米　口径3.7厘米　腹径8.5厘米
足径5.3厘米

　　圆唇，撇口，垂腹，若胆瓶，下收圈
足。颈部对称贴塑双鱼耳，颈外壁刻弦纹
两圈。釉色豆青，釉层肥厚，釉面酥润。

255

青釉双铺首耳炉　晚清

高8厘米　口径11厘米　腹径12厘米
足径7厘米

　　圆唇撇口，斜肩，鼓腹，下收圈
足，器壁贴塑铺首双耳。釉色淡青，
釉层肥厚，釉面晶莹。

256
青釉鼎式三足炉　当代

通高10厘米　口径10厘米　腹径11厘米

　　折沿、沿面内斜，束颈、鼓腹，下承三乳足，沿上对称置桥形耳，耳作花绳状。颈外壁刻回纹一周，肩部刻弦纹两圈，鼓腹刻祥云纹。釉色类梅子青，釉层厚薄有致，刻花处釉色深碧，薄釉处透白胎。

257

仿宋青釉鬲式炉　当代

高8.5厘米　口径11厘米

　　折沿、束颈、扁鼓腹，下承三乳足，三足面至鼓腹外壁"出筋"，是典型的龙泉鬲式炉。釉色天青，釉层粉淡自然，厚薄均匀，温润如玉。

　　南宋龙泉仿古器型中，还有一类"鬲式炉"甚为流行，所仿为青铜鬲之造型，形制仿古却不泥古，是"稽古维新"思想之完美体现。这种古为今用的创作理念，依然深刻影响着当代人的生活及艺术创造。

文 稿
ESSAYS

龙泉窑瓷器述略

◎ 宋哲文

青，生也，象物生时色也。[①]

——（汉）刘熙：《释名·释彩帛》

在推崇"正色""玉德"的儒学和崇尚"自然""天道"的道教影响下，如玉之瓷曾与纯青之色混为一体，成就一部极具影响力的中国青瓷史。

青瓷，在中国陶瓷制作史上占据极重要的地位，国人对青瓷的喜爱自古及今不曾间断。自商周始，中国即可生产原始青瓷，自东汉至明代，精品辈出，名闻于世者如六朝青瓷、瓯窑缥瓷、越窑秘色瓷、汝窑天青瓷等，而龙泉青瓷便是其中之一。

一、产地概况

作为中国陶瓷史上的青瓷工艺集大成者，龙泉窑傍瓯江之源而生，承越窑统绪而来，延续近千年。

走进丛林茂密的浙南山区，不难发现那些多由岩性坚硬的火山岩组成的山地，它们被河流侵蚀后形成峡谷深沟，成为浙江森林分布的主要地区。作为浙江第二大河的瓯江源于浙闽边境，流经庆元、龙泉、云和、丽水、青田等县市，入温州湾。其中，龙泉因地处瓯江上游而拥有丰富的瓷石矿源和森林资源，具有得天独厚的瓷业生产条件，成为窑业生产中心。而逐步发展壮大的窑系亦以地名"龙泉"命名，曰"龙泉窑"。

① （汉）刘熙：《释名》卷四《释彩帛》，景明翻宋书棚本，张元济等辑：《四部丛刊》，中央编译出版社，2015年。

龙泉位于浙江西南与福建接境处，晋代为龙渊乡，入唐而称龙泉乡，唐乾元二年（759）始为龙泉县。北宋宣和间改称剑川县，南宋绍兴元年（1131）复称龙泉。自宋代以来，龙泉历属处州，元代以处州路为其总管府，属浙东道。明初曾改处州府为安南府，后复为处州府。今称龙泉市，为浙江省丽水市代管县级市。[①]

考古发掘及相关研究表明，龙泉窑窑址主要分布于今浙江省丽水市及其周边的金华市武义县、温州市永嘉县、文成县、泰顺县等地。其中，以丽水市龙泉境内窑址最为密集。而随时代推移及产品影响力的逐步扩大，龙泉窑址亦扩散至福建、江西、湖南及两广地区，成为一个极具规模的窑系。[②]

二、历史变迁

（一）三国两晋南北朝至北宋早期

早在三国两晋南北朝时期，丽水地区就有零星土窑烧造类似于越窑、瓯窑的青瓷，此类产品的存在，使得学界一度认为龙泉窑兴起于三国两晋时期。而随着研究的深入，关于龙泉窑创烧年代的说法增多，除"三国两晋说"外，更有"北宋晚期说"等，而折中的说法是创烧于五代晚期至北宋早期。

虽然三国两晋时期丽水地区的土窑产品与其后兴起的龙泉窑产品缺乏明显的承续性，但显示了该地区窑业与越窑、瓯窑、婺窑间的内在联系。越窑青瓷主要产于浙江北部绍兴、宁波一带，生产年代自东汉至宋，于唐、五代达至鼎盛，是该时期南方青瓷窑系之集大成者。与其关联紧密的金华地区婺窑、温州地区瓯窑亦是当时兴盛的青瓷窑口。丽水地区的早期土窑应为瓯江下游地区窑业溯江而上的松散分支，产品借鉴瓯窑工艺而间接受到越窑影响。[③]此种情况一直延续至北宋早期前后，使得龙泉窑与越窑、婺窑、瓯窑间的紧密联系不容忽视。

此外，龙泉窑的兴起亦可能与五代时期承烧部分越窑青瓷"贡器"有关。

① 任世龙、汤苏婴：《龙泉窑瓷鉴定与鉴赏》，江西美术出版社，2004年，第1—2页。
② 牟宝蕾：《龙泉窑通鉴》，浙江人民美术出版社，2017年，第30—31、147—148页。
③ 牟宝蕾：《龙泉窑通鉴》，浙江人民美术出版社，2017年，第11页。

处州龙泉县多佳树……又出青瓷器，谓之"秘色"，钱氏所贡，盖取于此。[1]

——（北宋）庄绰《鸡肋编》

五代十国时期，偏踞江南一带的钱氏吴越国以越窑承烧的青瓷作为"贡器"，但因烧造数量较大，不得不将部分烧造任务分给龙泉地区，故早期龙泉所出青瓷曾与越窑"秘色瓷"混而为一。

上述与越窑、婺窑、瓯窑间的紧密联系，使得五代晚期至北宋早期的龙泉青瓷，在烧造工艺、器型、釉色上均带有明显的越窑特征，一部分甚至只能称为龙泉所产的越窑器，但总体上仍有突破。这一时期的龙泉窑多出淡青釉瓷器[2]，因使用含钙量较高的石灰釉，高温下釉质黏度较小，易流动，成釉薄透光泽，釉层厚薄不均，故釉色淡青带黄，有浓重的越窑风格。除此之外，龙泉地区金村等窑出土大量龙泉黄釉瓷器残片，足证黄釉产品在当时亦占有一定比例。

在器型上，北宋早期，专供随葬的长颈盘口壶及多管瓶在龙泉窑中较为流行，至中晚期亦多见（见P4图1、P8图5）。一般而言，长颈盘口壶与多管瓶配伍成双，多管瓶盛放谷物，盘口壶盛放酒液。[3]龙泉市博物馆一件纪年为"北宋神宗熙宁三年（1070）"的五管瓶，盖内墨书"五谷仓，上应天官，下应地中，荫子益孙，长命富贵"，足证此类器物为沟通天地、福佑子孙，盛放粮食种子而随葬的"谷仓"。"谷仓"又称"魂瓶"，其随葬之俗源于汉，兴于三国，盛于宋，从东汉五联罐发展而来。三国两晋的魂瓶多见于越窑等青瓷窑口，其时器型矮胖粗大，上部贴塑楼阁、人物、鸟兽等。宋代龙泉谷仓更为修长，装饰简化，反映了龙泉窑对越窑工艺的承续与改进。

这一时期，龙泉窑窑址主要分布在包括庆元上垟地区在内的龙泉金村地区。[4]

龙泉地区窑址的考古发掘表明，初创期产品淡青釉瓷片在金村随处可见，却并不见于大窑地区，证明此地区窑址先有金村，后有大窑。[5]

① （北宋）庄绰：《鸡肋编》卷上，《景印文渊阁四库全书》，台湾商务印书馆，1986年。
② 朱伯谦主编：《龙泉窑青瓷》，台湾艺术家出版社，1998年，第10页。
③ 郑建明：《21世纪以来龙泉窑考古新进展》，《文物天地》2018年第10期。
④ 浙江省文物考古研究所、龙泉青瓷博物馆编著：《龙泉金村窑址群：2013～2014年调查试掘报告》，文物出版社，2019年。
⑤ 叶英挺：《龙泉窑发展史上的三次辉煌期》，《收藏界》2001年第8期。

（二）北宋中晚期至南宋早期

北宋中晚期，随着原产越窑青瓷窑区瓷土资源的逐渐匮乏，南方青瓷中心逐渐从浙北转向浙西南龙泉地区。龙泉地区窑场增多，窑业陡然兴起，这是以越窑衰落引起的宁绍地区青瓷文化及窑工匠人向龙泉地区的转移为基础的。宋哲宗元祐七年（1092）后，龙泉境内龙泉溪等瓯江上游溪流浅滩经过治理后，船只航行更畅，亦刺激了龙泉青瓷的运销生产。[①]至迟在徽宗宣和年间，龙泉青瓷已进入官方视野。

从北宋中晚期开始，龙泉窑瓷器逐步摆脱传统越窑风格的束缚，形成了独有的双面刻划与篦纹的装饰风格，常见浅刻划花草纹、篦状器刻划点线、弧线纹装饰器皿。[②]

这一时期，龙泉窑址从金村扩展到大窑、石隆、溪口、东区在内的整个龙泉地区，辐射至福建北部。

宋室南渡后，为增加财政收入，鼓励对外贸易，在越窑、婺窑、瓯窑相继衰落的情况下，大量的青瓷仰赖龙泉制造，刺激其迅速崛起，成为南方青瓷中心。南宋早期，大批匠人从河南宝丰清凉寺汝窑流入龙泉地区，带来汝窑青瓷的乳浊厚釉技术，为此期龙泉青瓷的质量提升奠定了基础。

南宋早期，龙泉青瓷仍使用含硅量较高的瓷石作胎料，胎壁普遍比北宋中晚期的刻花青瓷厚重；同时，仍使用石灰钙釉、釉层薄透、釉色翠青或青灰。装饰风格从繁琐走向简练，以刻划莲花、游鱼等为主，篦纹装饰越发少见。

这一时期，龙泉窑创烧出"黑胎青瓷"，与"白胎青瓷"并肩。处于大窑窑址群与金村窑址群中间空白地段的龙泉地区瓦窑路窑址，曾出土大量的"黑胎青瓷"，经热释光测年结果显示其烧造年代在南宋早期，证明南宋早期的龙泉窑即烧造出"黑胎青瓷"。[③]

这一时期，龙泉窑窑址覆盖到整个瓯江地区。

（三）南宋中晚期至明初

南宋中晚期是龙泉窑艺术的巅峰时期。公元1200年前后，龙泉大窑的部分窑口学习吸收南宋官窑先进的制瓷工艺，对胎釉配方进行改进，多次上釉技术、烧成气氛控制术被更为熟练地掌握，薄胎厚釉精

① 牟宝蕾：《龙泉窑通鉴》，浙江人民美术出版社，2017年，第32页。
② 朱伯谦主编：《龙泉窑青瓷》，台湾艺术家出版社，1998年，第12页。
③ 沈岳明：《龙泉窑黑胎青瓷的考古发现与认识》，故宫博物院编：《哥瓷雅集——故宫博物院珍藏及出土哥窑瓷器荟萃》，故宫出版社，2017年，第348—357页；郑建明：《21世纪以来龙泉窑考古新进展》，《文物天地》2018年第10期；郑建明：《21世纪以来黑胎青瓷窑址考古新进展》，《文物天地》2021年第3期。

品诞生，釉色渐趋纯正，产品以釉取胜。

在胎土配方上，工匠以氧化铝、氧化铁含量较高的紫金土与瓷石配成胎料，克服原坯料氧化硅含量高造成的胎骨厚重问题，提高铝含量，加强成胎抗弯度，制成壁薄如纸的薄胎瓷器。[①]

在釉料配方上，工匠以长石代替釉料中的部分石灰石，改石灰釉为石灰碱釉，使釉中钙含量降低，钾、钠含量提高，从而提高釉质黏度，使其不易流动。同时，降低烧造时的烟熏和裂釉倾向，施出柔和均匀的厚釉，控制紫金土在胎中的含量，配合釉料呈色，成就如玉色质。

在釉色上，南宋中晚期的龙泉窑创烧出堪称一绝的釉色——"粉青""梅子青"。一般而言，粉青釉在施釉时生坯挂胎，入窑经1180℃—1230℃高温还原焰烧制而成，釉层较厚，乳浊失透，呈现较强的玉质感（见P14图11）；与粉青釉相比，梅子青釉的铁、石英含量更多，施釉更厚，入窑后经1250℃—1280℃高温强还原焰烧制而成，烧成温度更高，釉料流动性更强，釉面玻化感比粉青釉强，更显晶莹深邃。同时，若能控制瓷胎中紫金土的含量，使胎土呈灰白色，能让梅子青釉的呈色更佳。

南宋时期的龙泉窑瓷器，整体注重简练之美，这点除体现在胎釉工艺的改进上，更体现在装饰手法的取向上。例如，外壁中脊起棱的"出筋"装饰手法代替了前期流行的篦纹装饰，取材花叶的象生瓷更为流行，贴"双鱼"洗成为龙泉较为典型的器型，仿古器如鬲、鼎、瓠、琮等屡出，显示出龙泉青瓷在器型及装饰上日趋简洁自然之势。

元灭南宋后，建立了横跨亚洲、东欧的广袤帝国，辽阔疆土及海外贸易的进一步发展，使龙泉青瓷在内需外销上大幅增长，新的瓷窑大量涌现，产品风格更趋多元。由于经济文化相对于前代落后，工艺的精细度有所下降，但依然不失为龙泉瓷器的又一艺术高峰期。[②]

元代龙泉青瓷以大件器物的普遍出现为一大特征，这些器物胎质厚重，器型粗犷，釉色更趋凝重。同时，高足杯、高足碗等具有草原民族生活用器特征的器型亦相伴诞生（见P62图56），典型器如荷叶盖罐、环耳瓶、凤尾尊等开始盛行。在装饰上由南宋所看重的釉装饰向胎装饰发展，贴花、印花、刻花、剔花等装饰手法更为丰富。釉质

① 李海霖：《两宋龙泉窑青瓷工艺的嬗变》，《上海工艺美术》2021年第2期。

② 周慧雄：《龙泉窑青瓷发展的简述》，《文物鉴定与鉴赏》2020年第2期（上）。

上从厚釉、浊釉向薄釉、透釉发展，露胎产品更多，在修足或装饰的露胎处，常可见明显的火石红。

明初龙泉青瓷在烧造工艺上达到了难以企及的巅峰，在某种程度上是因为此时的龙泉窑有向宫廷烧造"官器"的情况。龙泉地区大窑枫洞岩遗址出土的一批龙泉青瓷与故宫旧藏的一批官器类似，被鉴定为明洪武及永乐两朝使用的器物，可视为物证。[1]

在装饰上，明初龙泉青瓷以釉下刻花为主，亦有模印人物故事的装饰方法，而其最为人称道的是将刻花纹饰与厚釉融合得恰到好处，避免了前代由于釉层加厚而对刻花造成遮盖的弊端（见P87图79）。

此时的龙泉青瓷，胎体较为厚重，大部分器物只施釉一次，釉层较薄；少数厚釉者，釉色深、有玉质感，釉色多呈青绿或豆青色，黄釉较为少见。

从南宋中晚期至明初，龙泉窑窑场进一步扩散。南宋中期，大窑取代金村成为龙泉地区的中心窑场。作为大窑的重要补充，溪口、石隆规模亦不断扩大，质量仅次于大窑。金村、大窑、溪口、石隆4个片区逐渐构成龙泉窑口的核心区。[2]进入元代中期，龙泉窑口从龙泉扩至缙云、武义、青田、永嘉等地。

南宋晚期至明初，龙泉窑口更扩展至福建、湖南、江西、广西、广东等地，较典型的有福建石寨窑址，湖南羊舞岭窑址群、醴陵窑址，江西南坑、瓷器山窑址，广西柳城窑址，广东白马山、余里村窑址等。[3]

（四）明中期以后

明成化、弘治朝以后，龙泉窑业逐渐式微，最直接的原因有以下几个方面：首先，自永乐、宣德时期开始，景德镇就能烧出典型的龙泉瓷器，致使龙泉窑业在市场竞争中失去优势。同时，景德镇瓷业所烧出的白瓷、青花、釉里红等新瓷种开拓了陶瓷烧造的新阶段，导致陶瓷审美从单色釉瓷向器面装饰瓷转变。其次，明正统年间，龙泉地区发生叶宗留矿工起义，重挫窑业；再次，从明初开始反复厉行的海禁给了东南亚、东北亚地区仿烧的龙泉瓷器一定的市场空间，在某程度上造成龙泉窑业海外市场的萎缩。[4]进入清代，许多龙泉窑口纷纷

① 郑建明：《21世纪以来龙泉窑考古新进展》，《文物天地》2018年第10期。
② 郑建明：《龙泉窑的时空格局》，中国考古网，2017年11月。
③ 翁倩：《21世纪以来仿烧龙泉青瓷窑址考古新进展》，《文物天地》2020年第3期。
④ 牟宝蕾：《龙泉窑通鉴》，浙江人民美术出版社，2017年，第50页。

① 翁倩:《21世纪以来仿烧龙泉青瓷窑址考古新进展》,《文物天地》2020年第3期;王楚健:《瓷海钧沉:明清龙泉窑补白》,《美术报》(鉴赏周刊)2014年9月27日。

② 朱伯谦主编:《龙泉窑青瓷》,台湾艺术家出版社,1998年,第6—29页;牟宝蕾:《龙泉窑通鉴》,浙江人民美术出版社,2017年,第35—39页;李强:《广州惠福西路南粤先贤馆遗址出土的龙泉青瓷研究》,《文物鉴定与鉴赏》2018年第4期(上);曾广忆:《广东惠阳白马山古瓷窑调查记》,《考古》1962年第8期;邹翠梅、曹敬庄、潘秋扬:《湖南攸县出土龙泉青瓷》,《湖南考古辑刊》,1999年;李合、侯佳钰:《广东大埔余里窑青瓷的成分特征研究》,《南方文物》2020年第5期;翁倩:《21世纪以来仿烧龙泉青瓷窑址考古新进展》,《文物天地》2020年第3期;肖达顺:《广东仿龙泉青瓷窑业产销的初步研究》,《中国港口(博物馆馆刊专辑)》2019年增刊第1期。

③ 张师源:《四川金鱼村窖藏宋瓷微探》,《文物鉴定与鉴赏》2017年第7期;孙雅斐:《北方地区出土龙泉青瓷初步研究》,吉林大学2012年硕士学位论文;何赞:《湖南宁乡冲天湾遗址H29瓷器窖藏坑发掘简报》,《文博》2016年第6期;王承旭:《繁昌元代窖藏瓷器(上)》,《收藏家》2013年第1期;王承旭:《繁昌元代窖藏瓷器(中)》,《收藏家》2013年第2期;王承旭:《繁昌元代窖藏瓷器(下)》,《收藏家》2013年第3期;蔡小辉:《窖藏出土宋元时期龙泉窑青瓷的相关研究》,《东方博物》2010年第2期;杨后

倒闭,龙泉窑业逐渐衰竭。

明代中期的龙泉窑瓷器,多厚胎薄釉、玻质感强者,胎质多有杂质气孔,装饰风格趋于繁琐(见P190图180)。至明晚期,胎体更为厚重,杂质气孔更多,多见薄釉者,釉色以青黄、青灰为主。

清代龙泉瓷器胎骨厚重、粗糙,胎色灰白,釉层薄而不匀,釉色青中泛黄或泛灰,浮光严重,釉色以冬青、豆青为主。

明代中晚期开始,龙泉窑业重心向福建转移。泉州港作为海上丝绸之路的重要中转站,吸引了龙泉地区窑场大举迁入福建,以降低成品运输成本,因此,与浙江丽水相近的福建浦城、松溪、霞浦以及莆田、同安、建阳、南平、南安、厦门、福清等闽江流域地区均有明清龙泉青瓷窑遗址。①

三、窑址及窖藏分布

总体而言,龙泉窑的生产中心主要位于龙泉地区的金村、大窑、石隆、龙泉东区;随着产品影响力的扩大,窑址逐步向外扩散,国内多地对其进行仿烧,亦留下大量窑址,如福建的松溪回场窑、石寨窑、遇林亭窑、同安汀溪窑、水头窑,湖南的羊舞岭窑、醴陵窑,江西的南坑窑、瓷器山窑、景德镇御窑厂,广西的柳城窑,广东的白马山窑、新庵镇窑、余里村等。②

除广泛的窑址分布外,龙泉窑瓷器的窖藏分布亦较为广泛。南方窖藏如四川遂宁金鱼村、江西高安、江西永新旧城、江苏淮阴韩城、湖南桃江、湖南攸县、湖南长沙宁乡、安徽芜湖繁昌等,其中又以四川遂宁窖藏出土龙泉瓷器数量最具规模。北方窖藏如内蒙古自治区察哈尔右翼前旗集宁路古城遗址、锡林郭勒盟正蓝旗元上都遗址、呼和浩特丰州路古城遗址、赤峰市大营子乡、包头市燕家梁遗址、蒙古国中部后杭爱省哈喇和林古城遗址、北京元大都遗址、陕西汉中八渡河、西安红光巷、河北定州李家湾等。③

四、外销情况

海上丝绸之路一直是东西文明交汇的重要桥梁,从目前发现的古沉船情况看来,其中的陶瓷输出约从唐代中晚期开始,至宋元时期走

向鼎盛。

宋代开始，龙泉青瓷就成批地通过海上丝绸之路行销海外。在中国东南沿海及东南亚地区，大量的沉船遗址均发现有龙泉青瓷，年代从北宋延续至明代中期，涉及窑口遍布浙江、江西、福建、两广。据统计，龙泉青瓷曾通过海上贸易和其他途径出口至东亚、东南亚、西亚、非洲、欧洲的40多个国家和地区。[①]12世纪中期至15世纪中期，龙泉青瓷在世界范围内的行销普及，一度使其引领时尚。[②]

由此可见，龙泉窑瓷器的发展高峰与陶瓷在海上丝绸之路的输出鼎盛期基本重合，外销行为在龙泉窑的发展中占据较为重要的地位。以目前世界上发现的海上沉船中年代最早、船体最大、保存最完整的远洋贸易商船"南海Ⅰ号"为例，龙泉瓷器在该船出水瓷器中占据重要地位。在器型上，该船龙泉瓷器比同船出水的其他窑口瓷器略为丰富，包括碗、盘、碟、瓶等，其中，又以碗、盘为大宗，以日常生活用器为主；釉色多见青黄、青绿、青灰者，在装饰技法上，以刻划花为主，推测其产品处于"清透釉刻划花"繁荣时期，年代约在南宋初期到中期早段。[③]"南海Ⅰ号"龙泉瓷器的出水，充分体现出南宋中期龙泉瓷器海上外销贸易的规模。

东北亚地区是龙泉瓷器行销的重要地域。韩国新安海域元代沉船可谓东北亚地区龙泉瓷器出水发现中较为重要的一项。考古学家们于1975—1977年，从该沉船中打捞出2万多件陶瓷，其中龙泉青瓷占了9000多件，沉船年代约在元至治三年（1323）后。除此以外，日本福冈、佐贺、长崎、奈良、京都等地的遗址也出土不少龙泉瓷器，这些均是龙泉瓷器行销东北亚的明证。

东南亚地处东西贸易要道，是龙泉瓷器对外输出的重要区域。龙泉瓷器从南宋早期开始便已输出到这一地区，至明代早中期延续不断。

在出土方面，印尼、泰国出土龙泉瓷器的遗址较多。其中，印尼出土龙泉瓷器几乎遍及苏门答腊、爪哇、加里曼丹中南部、苏拉威西等岛屿，又以南苏拉威西、西加里曼丹、东爪哇和占碑港等地出土量最为丰富，总计数量超过2万件；泰国的奥姆科伊遗址、达信玛哈勒国家公园遗址发现了不少龙泉瓷器。

礼：《江西永新发现元代窖藏瓷器》，《文物》1983年第4期；王霞：《元代集宁路古城遗址出土瓷器解读》，《北方文物》2008年第3期；桑坚信：《杭州市发现的元代瓷器窖藏》，《文物》1989年第11期；王德恒：《2003年全国十大考古新发现之五——集宁路的元代瓷器大发现》，《知识就是力量》2004年第11期。

① 沈岳明：《从"龙泉天下"到"天下龙泉"——元明时期龙泉窑对外输出方式的变革》，《博物院》2020年第6期。
② 中国（海南）南海博物馆：《龙泉青瓷的海上万里航行之路"龙行万里——海上丝绸之路上的龙泉青瓷"展览赏析》，《文化月刊》2021年第2期。
③ 刘冬媚：《"南海Ⅰ号"船载龙泉窑青瓷探析》，《文物天地》2019年第12期；温苇苇：《"南海Ⅰ号"出水龙泉青瓷》，《文物天地》2020年第2期。

① 项坤鹏：《浅析东南亚地区出土（水）的龙泉青瓷——遗址概况、分期及相关问题分析》，《东南文化》2012年第2期。

② 秦大树：《肯尼亚格迪古城和蒙巴萨沉船出土明清瓷器及相关问题讨论》，北京大学考古文博学院、北京大学中国考古学研究中心编：《考古学研究（十一）》，科学出版社，2020年；丁雨：《肯尼亚沿海出土中国陶瓷的初步相关比较研究》，北京大学考古文博学院、北京大学中国考古学研究中心编：《考古学研究（十一）》。

③ ［法］伊夫·波特著，翟毅译：《十四至十七世纪伊斯兰宫廷的龙泉青瓷器》，《故宫博物院院刊》2021年第9期。

④ 雷国强：《托普卡帕皇宫珍藏龙泉青瓷鉴赏》，《文物鉴定与鉴赏》2011年第9期；雷国强、李震：《镶嵌在海陆丝绸之路交汇点上璀璨的龙泉青瓷明珠（上）——土耳其托普卡帕皇宫博物馆珍藏龙泉青瓷精品赏析与研究》，《东方收藏》2015年第6期；雷国强、李震：《镶嵌在海陆丝绸之路交汇点上璀璨的龙泉青瓷明珠（下）——土耳其托普卡帕皇宫博物馆珍藏龙泉青瓷精品赏析与研究》，《东方收藏》2015年第7期。

在沉船出水方面，印尼惹巴拉沉船、巴卡奥沉船、伯拉纳坎沉船，菲律宾布雷克海滩沉船、圣克鲁斯沉船，泰国湾朗奎宛沉船，马来半岛图里昂沉船等均可见龙泉瓷器的身影。①

东非、北非地区是中世纪以来环印度洋地区繁荣发展的海上贸易体系中的重要节点。中国瓷器输往肯尼亚等国自9世纪开始相沿不断，直到元明时期达到高潮，此时期的中国瓷器碎片在肯尼亚地区广泛出土，其中的格迪古城遗址出土龙泉瓷器共737件（片），占该遗址出土中国古代瓷器总数的58.63%。除此之外，位于肯尼亚蒙巴萨老港口的蒙巴萨沉船亦是该地龙泉瓷器出水的重要沉船发现。②

13世纪末至15世纪，中国龙泉瓷器经由多条海上航线大量输出，此时最长的贸易路线可直达中东地区，满足了伊朗、叙利亚、埃及和伊拉克等地对龙泉瓷器的需求。霍尔木兹港正是龙泉瓷器输入这些地区的重要港口。13至14世纪，输入伊斯兰宫廷的龙泉瓷器得到模仿，尤其是在伊朗地区和马穆鲁克王朝统治区域，龙泉瓷器途经马来西亚和缅甸湾海岸运达西亚等地，被冠以"马达班"一名。而在16至17世纪的伊朗萨菲王朝又出现了模仿龙泉青瓷的第二波浪潮。③

除此以外，沙特赛林港遗址、土耳其托普卡帕皇宫、也门、阿拉伯联合酋长国、阿曼等阿拉伯半岛港口之间亦可见龙泉瓷器的身影。足证龙泉瓷器的足迹远达西亚、中东地区。④

随着商品性输出而被世界市场追捧的龙泉瓷器，成为中国的一种独特文化符号，深刻影响着世界制瓷业，东北亚的日本、韩国，东南亚的越南、泰国、缅甸，西亚的伊朗、叙利亚，横跨欧亚的土耳其，北非的埃及等地，纷纷出现仿烧龙泉青瓷的风尚。龙泉青瓷从单纯的商品性输出走向更深层次的文化与技术输出。

历代龙泉青瓷器型浅述

◎ 李荣炜

　　龙泉青瓷自出现以来，秉承"制器尚象，备物致用"的造物理念，创制出大量合于时用、新颖别致的器物，历宋代直至明清，一直兴盛不衰，产品上达宫廷，下至平民，远输海外，满足了社会各阶层的生活、陈设需求，成为国内坊间及海外市场最受欢迎的日常用器之一。纵观龙泉窑发展历史，其为满足国内消费市场所烧制的器型十分丰富，大致可分为饮食器皿、陈设用器、宗教用器、随葬用器、文房用具等类别。

一、饮食器皿

　　在中国人的饮食文化中，对饮食器皿的形制、工艺是非常讲究的。龙泉窑在北宋时期，即以生产大规模的日常饮食、生活用品为主，常见饮食器有碗、碟、盘、壶、杯等，以大白岸金钟湾北宋窑址为例，在堆积层中出土了可复原器物共79件，碗类产品就多达66件。[①] 北宋龙泉青瓷饮食器皿，以刻划花为主要装饰，刻花内填以细密的篦划纹，外壁多见莲瓣纹、折扇纹、蕉叶纹等，刻花刀法犀利豪放。

　　南宋时期龙泉窑生产规模急剧扩大，窑场数量迅速增加，工艺得到改良，成功融入乳浊釉烧制技术，生产出黑胎厚釉和白胎厚釉两类优质瓷器。此时饮食器皿更加丰富，有碗、盘、杯、盏、茶托、渣斗等，并且每一种瓷器形式多样，如碗有莲瓣纹碗、八角碗、束口碗、斗笠碗、盖碗等。这些碗、盘器壁往往作斜线形式，近底处向内

① 浙江省文物考古研究所编：《龙泉东区窑址发掘报告》，文物出版社，2005年，第117页。

折收，内底大于外底，圈足矮宽，造型刚劲稳重，不易破碎，契合普通民众用瓷需求。装饰风格以单面刻划花为主，常见纹饰有莲花、荷叶、云纹、水纹、莲瓣、蕉叶等，S形复线刻纹是新出现的纹饰，部分碗底内印"河滨遗范""金玉满堂"等字样，有的则为素面，轮廓较北宋时更加优美纤细。

宋代饮茶、饮酒之风颇盛，龙泉窑迎合社会风尚，烧制了一批精美的茶具、酒具。中国饮茶之风兴于唐，盛于宋。宋人蔡絛《铁围山丛谈》有言："茶之尚，盖自唐人始，至本朝为盛，而本朝又至祐陵时益穷极新出，而无以加矣。"[1]宋人流行"点茶"法，饼茶研撵成茶末，入盏注汤点缀再慢慢饮用。在"点茶"流行的同时，"斗茶"成为社会各阶层的娱乐活动，主要是评比茶汤、茶色，如果茶末研碾细腻，点汤、击拂恰到好处，汤花均匀，有"冷粥面"现象，可以紧咬盏，说明这是好茶。龙泉窑所产的茶盏、斗笠碗、盖碗等是茶事兴盛的见证，又以敞口、斜直壁腹、小圈足的龙泉斗笠盏为精品。

宋代商品经济繁荣，消费市场扩大，各地酒肆、旅店大量出现。《东京梦华录》记载："凡酒店中，不问何人，止两人对坐饮酒，亦须用注碗一副，盘盏两副，果菜碟各五片，水菜碗三五只。"[2]社会饮酒之风带动了瓷质酒具的生产，龙泉窑烧造了包括盛酒器、斟酒器和饮酒器在内的酒具。龙泉窑的瓶类盛酒器包括瓜棱瓶、梅瓶、玉壶春瓶、贯耳瓶、双耳瓶、长颈弦纹瓶、胆瓶、琮形瓶（带有祭祀性质的酒瓶）等，梅瓶是此类产品的佼佼者，形制为小口、短颈、丰肩、肩下渐收敛，圈足，宋代常作为酒器，后世则演变为插花器，体现龙泉窑酒器逐渐分化出陈设器具这一趋势。斟酒器一般是壶、注，包括鸡首壶、瓜棱壶、提梁壶、葫芦壶等，瓜棱壶是龙泉窑执壶中创烧最早、产量最大、式样最多的壶式，有圆形腹、椭圆腹和扁圆腹三种，广州博物馆所藏青釉瓜棱形执壶（见P21图17），即作扁圆瓜棱形，通体施淡青釉，盛茶盛酒皆可。饮酒器以各式碗、杯盏、台盏等为主，造型小巧精美。

13世纪末，元灭南宋，建立横跨亚欧的大帝国，龙泉青瓷的销售市场亦得到空前的拓展，新产品层出不穷。碗、盘、盏、茶托、把杯、注子是元代龙泉窑生产的主要饮食器皿。这些器物尺寸远大于宋

① （宋）蔡絛撰，冯惠民、沈锡麟点校：《铁围山丛谈》，中华书局，1983年，第106页。
② （宋）孟元老撰，伊永文笺注：《东京梦华录笺注》，中华书局，2006年，第420—421页。

代，这是因为元代饮食兼容草原文化和农耕文化，蒙古贵族喜爱食用牛羊等乳肉食品，用来承装食物的器具需符合食物的体量，器型因此变得高大厚重、粗犷刚劲。同时元代海洋贸易繁荣，这种形制巨大的碗、盘是为适应海外伊斯兰地区围坐抓食的饮食习惯而专门生产。元代盘的口径往往在30厘米以上，有八角盘、折沿盘、花口盘、敞口圆唇盘、双鱼纹盘等，装饰纹样有贴花龙、鱼、菊花、桃花、荔枝、云鹤纹以及各种印花。碗的口径可达20厘米以上，有莲瓣纹碗、菊瓣纹碗、八角碗等。南宋晚期至元代，流行一种饰龟荷纹的碗，口沿做成翻卷的荷叶状，内壁由底心向口缘刻出叶脉，底心贴饰一小龟，是龙泉窑仿生瓷的代表。

元代贵族善骑射，嗜美酒，为了适应马上民族的生活特点，罐、钵、瓶、壶等便于携带的存贮器大量出现。龙泉窑受到北方游牧文化影响，生产的酒具种类有高足杯、把杯、盏、碗、玉壶春瓶、葫芦瓶、蒜头瓶、罐、执壶、扁壶等，其中高足杯、扁壶带有明显的草原文化特征，高足杯也称马上杯，一般使用于宗教仪礼当中，成为向神供奉的圣物，通常用于盛装鲜奶、酥油、青稞酒、清水等供品。扁壶一般颈肩及两侧有系，方便携行，可能源于草原民族的同形金属扁壶。荷叶盖罐也是元代龙泉窑生产的久负盛名的器物，既能储存食物，也可以当贮酒器使用，始见于南宋晚期，因其罐盖形如翻卷荷叶而得名。元代荷叶盖罐造型较大，胎体厚重，盖面凸起较高，有带钮和无钮两种，用途多样，畅销海内外。

明代前中期，龙泉青瓷食器延续元代发展势头，烧制的器型包括碗、钵、盘、碟、注子、杯、钵等，其中碗有刻花碗、人物故事纹碗等，宫廷用瓷中的大型碗是其中的精品，造型端庄大气。广州博物馆藏龙泉青釉碗（见P90图82），敞口，斜腹，圈足，造型端正，釉层肥腴滋润，是明初龙泉窑进贡宫廷的精品。碗类器壁装饰龙纹、云鹤纹、四季花卉纹、水波纹、山水纹等，碗内部刻锦纹、钱纹等图案，还有福寿等吉祥字。盘碟样式与前代相似，只是在装饰纹样上有所不同，盘类图案常见的有双鱼纹、波浪纹、单株植物图、云龙纹、拉线纹、菊瓣纹等。晚明至清代，龙泉窑瓷器质量下降，饮食器皿种类比较稀少，唯有盘、壶等寥寥数种，往往施透明釉、做工较粗，以就地销售为主，造型、胎釉、纹饰均远不及前代。

二、陈设用器

瓷器是中国古代室内主要的陈设器具，与桌几、屏风、坐榻等一同营造空间氛围。龙泉窑瓷器胎质温润如玉，釉色青绿，有着闲散淡远的自然色彩，符合中庸、中和的儒家思想，因而早在宋代，文人骚客就用龙泉青瓷装点居室，显示高洁淡泊之志。

龙泉窑所产陈设用器，以花器为大宗。南北朝时期，佛前供花演变出花器，唐代又发展为宫廷插花。到了宋代，花事之繁盛达到前所未有的程度。插花成为文人雅士乃至市民百姓都喜爱的雅趣活动，以赞美瓶花为题材的诗篇增多，酒肆、茶肆、民居乐于以瓶花装饰点缀；高型家具桌椅、香几等逐渐普及，它们成为青瓷陈列的重要载体，并由此衍生出观赏瓷文化；宋代金石学成为一门独立学科，出现一批金石学家和著作，追复三代的仿古、崇古之风兴起，以仿古瓷器插花、装饰成为社会风尚。上述原因促使宋代龙泉窑陈设器繁复多样。譬如龙泉窑既有从酒具演变出来的梅瓶、玉壶春瓶、贯耳瓶、瓜棱瓶等花器，也有出戟尊、琮式瓶、纸槌瓶、觚等仿古器，更有葫芦瓶、胆瓶、双耳瓶、穿带瓶等新出现的瓷器。

元代龙泉窑陈设用器延续宋代工艺，瓶有长颈瓶、玉壶春瓶、琮式瓶、蒜头瓶、六角瓶、八角瓶、梅瓶、净瓶、纸捶瓶、葫芦瓶、觚式瓶、凤尾瓶、环耳瓶、缠枝牡丹纹瓶等，个别器型又出现新变化，如琮式瓶与南宋的相比，多带有器座，部分净瓶因腹大底小，放置不够平稳，也会相应的有一个镂雕瓶座，与瓶配套，既平稳又美观。元代龙泉窑陈设器的釉色以梅子青为主，粉青等次之，有梅花纹、牡丹纹、菊花纹、莲荷纹、如意纹、弦纹等。

明代瓶类龙泉青瓷陈设器具多为花器，器型大部分由宋元流传下来，整体风格比元代更为简练淳朴。明代瓶花艺术达到新高峰，诞生了《瓶花谱》《瓶史》等论述花瓶、瓶花及其插法的著作。《瓶史》中提及龙泉窑的蓍草大方瓶（即琮形瓶）可以放于高架两旁或置于几上，用以营造厅堂的氛围，书斋中可以用龙泉窑的蒲槌瓶作为小摆设。文震亨在《长物志》提到“官、哥、汝窑，以粉青色为上，淡白次之，油灰最下"，可以推测类玉的龙泉青瓷在明代陈设器具中亦备受推崇。明代龙泉窑有梅瓶、玉壶春瓶、福寿瓶、螭耳瓶、方瓶、花囊等。这些陈设器具以戳印、刻花和剔地刻花工艺为主，流行体型硕大的牡丹、缠枝莲、菊花、茶花、莲瓣、桃、琵琶、蕉叶、石榴、葡萄等植物图案。明代文人仿古之风不逊于两宋，各类仿青铜陈设器十分丰富，青瓷觚是典型代表，因"觚"谐音"孤"，有孤芳自赏、孤家寡人之意，士大夫用其显示高洁清冷之感。广州博物馆藏一龙泉青釉刻花花口觚（见P205图195），呈花型喇叭口，颈部下收，中腰凸起，胫至足部外撇，平底，底下有圈足，觚口、足部形如荷叶。觚内、外和圈足内施青釉，足端无釉，露胎处呈火石红。此觚造型古朴，釉色青翠，是明代仿古陈设器的杰作。

至清代，龙泉青瓷已渐式微，仅有大窑、孙坑几处窑口仍在烧造，此时的陈设器具多见凤尾尊、蒜头瓶形花插、花盆等，胎骨坚硬，呈灰或灰白色，以青灰薄釉为主，流行竹、兰、梅、菊、牡丹、荷叶、莲瓣等纹饰，但刻划线条大多呆板无韵，不复前代风采。

三、宗教用器

祭祀礼仪历来是国家头等大事，无论是宫廷还是普通民众，他们在进行朝山、社祭、赛神、庙会等活动时，往往需要用到香炉、塑像等器物。龙泉窑在宋代发展初期已开始烧制香炉，但产量较少。南宋前期龙泉窑大量烧制香炉，器型上可分为鼎式炉、高足炉、八卦炉、乳足炉、妆式炉等类别，在装饰手法和纹饰上流行使用刻划、篦点、篦划、团花、蕉叶纹、波浪、云纹和婴戏。南宋中晚期，除延续烧制早期的品种外，还烧制鬲式炉、簋式炉、筒式炉、樽式炉、鱼耳炉、绳耳炉、盆式炉、方炉等。不少香炉的口外沿、肩部凸棱和足凸棱等薄釉处，釉下泛出灰青色的胎骨，形成"出筋"效果。暖碗也是龙泉窑烧制的宗教祭祀器皿，又名孔明碗，用于上层社会供奉祭品，始见于北宋时期，由两只碗上下黏接而成，碗中留空隙，外碗底心有一圆孔相通，利于器物烧透，防止炸裂，碗底浅，使得祭祀中盛放的食物显得丰盈。

元代龙泉窑的青瓷香炉多胎体厚重、器型高大，不似宋代香炉清瘦雅致。元代龙泉青瓷香炉主要有鬲式炉、鼎式炉、奁式炉、钵式炉、筒形炉、方形炉、八卦炉等品种，多采用刻花、划花、贴花、印花、镂刻和堆贴等工艺。在装饰题材方面，以寓意吉祥的纹饰和文字为主，纹饰有人物纹、动物纹、植物纹、吉祥纹、弦纹、八卦纹、鼓钉纹、八思巴文字纹等，在釉色方面，有豆青、粉青和梅子青等类别，炉脚样式增多，多为兽足，增强炉的厚重感。值得一提的是，元代部分樽式炉的筒腹下部逐渐缩小，器底下凸，三足逐渐提高，不久演变为器底落地，三足悬空，不起承重作用。

明前中期，龙泉窑一度进贡宫廷，烧造的御用青瓷香炉造型端庄精巧，釉色与胎质柔和细腻。香炉的类别有鬲式炉、簋式炉、鼎式炉、奁式炉、鼓式炉、筒式炉、方炉、三足洗式炉和薰炉等品种。香炉的制作技法也更加多样化，流行使用戳印、刻花、划花、贴塑、捏塑、压模、镂空等工艺。炉体上的纹饰也更加丰富多样，比较流行的纹饰有八卦纹、莲瓣纹、缠枝莲纹、牡丹纹、卷草纹和仙人骑兽纹。这些花纹多结合起来使用，比如八卦纹与卷草纹结合，缠枝莲纹与卷草纹组合运用。

宋、元、明三代龙泉窑均烧制用以供奉祭祀的人物塑像。从南宋起就有瓷塑作品出现，人物大多是佛教、道教人物，并创造了"露胎贴花"工艺，即将不施釉的素胎模印花沾一点釉浆黏于器物的腹或者其他需要装饰的部位，烧造时铁成分与窑内的氧气进行二次氧化反应形成了浅红褐色，使得人物露胎部分非常接近皮肤的自然色，与青色衣襟形成鲜明对比。元代人物塑像以观音像多见，人物容貌端庄、形体丰腴。明代道教人物较多，与明朝皇帝崇信道教的历史背景有关。除单个人物塑像外，有的塑像为整个造型做成壁龛状，由山石和祥云堆塑而成，使塑像如置身云雾缭绕的仙境之中。广州博物馆藏青釉真武大帝像（见P250图240），披发垂肩，双目微垂，露出五指，跣足，通体施青釉，头、手、足露胎无釉，呈火石红色。真武大帝古称玄武，道教尊奉的大神之一，传说为太上老君坐驹第八十二次变化之身，道场在湖北省武当山，明成祖朱棣曾自诩为真武大帝化身。这尊真武大帝塑像，即反映出明代民间信仰的变迁和道教兴盛。

四、随葬用器

龙泉青瓷还多用作陪葬的明器，以民用为主，反映墓主人期望后人繁衍生息、荫蔽子孙的愿望，也寓意来世的幸福生活。北宋时期龙泉地区的墓葬中，多见一种称之为多管瓶和塔瓶的器物，它是龙泉窑最有地域特色的器物类型，由汉晋的堆塑罐发展而来，其形制新颖独特，不见于同时代的其他窑口。多管瓶因其肩部安有管而得名，最多有十五管，常见五管，以广州博物馆藏的青釉刻花五管瓶（见P6图3）为例，器物施淡青色釉，施釉不及底，胎质粗疏，盖为倒覆花瓣状，器体肩部有五个捏塑喇叭状管，外壁底部刻划莲瓣纹，呈现典型的北宋时期五管瓶风格。北宋墓葬中也常出土青釉谷仓，有楼阁形式、低矮圈仓式，有的谷仓罐内还见有炭化的谷物标本结块，表达墓主人希望死后能过如生前一样仓满廪实的富裕生活。此外，盘口盖壶、蟠龙堆塑瓶在北宋龙泉窑丧葬器中也屡见不鲜。南宋时，多管瓶逐渐演变为堆塑龙虎瓶，常成对出现。闽浙地区道教十分流行，民间的丧俗活动，都蒙上一层神秘的道教色彩，龙虎素为道家推崇，故该器物堆塑内容主要为龙和虎，表示墓主皈依宗教祷冥祈福，灵魂安宁升天，护佑家族风调雨顺的内涵。

日常使用的各式碗、盘、杯、瓶、罐也是龙泉窑常见的随葬品，全国各地墓葬中均有出土。譬如山东省邹城九龙山明正统六年（1441）朱檀继妃弋氏墓出土福寿扁瓶；江西省永修县黎家山明正统九年（1444）魏源墓出土青釉烛台、瓶、盘；龙泉县道太乡明正德十三年（1518）墓出土的一批龙泉窑的器物，数量最多，品种最为丰富，有鼎式炉、连座琮式瓶、云凤纹玉壶春瓶、露胎云鹤纹盘、菊瓣碗、高足杯、荷叶盖罐[①]。这些大量的纪年墓器物，反映墓主人"事死如生"的思想，为我们更加深入了解明代龙泉窑随葬器物提供了翔实的资料。广州博物馆藏青釉印花双环耳瓶（见P201图191），是明代龙泉窑随葬器的代表，同类型器物见于福建松溪、江西贵溪元末明初墓葬，其中个别地区在入葬时会故意打碎瓶的一个耳环，寓意"岁岁平安"，反映了元末明初闽赣地区独特的丧葬习俗。

① 任世龙、汤苏婴：《龙泉窑瓷鉴定与鉴赏》，江西美术出版社，2004年，第85—86页。

五、文房用具

古人的书斋中，除了笔墨纸砚，兼具实用和审美功能的笔洗、笔筒、水注、水丞等也是常备之物，具有很高的艺术价值。

龙泉窑生产的青瓷洗盛行于宋元时期，造型多样，用于文人写字作画时蘸水洗笔。双鱼洗又是典型器物，此类洗基本造型是折沿、斜弧腹、平底、直足，在洗的内底上采用凹印和堆贴两条鲤鱼的技法进行装饰，故此得名。（见P36图32）龙泉窑双鱼洗之所以受到文人喜爱，是因为"鱼"与"余"谐音，故取"年年有余"的吉祥含义；另一方面，受道教影响，龙泉青瓷的釉色极其接近于当时道教所追求的青色，双鱼和以黑白阴阳鱼为外观的道教"先天图"极为相似，所以龙泉双鱼洗风靡大江南北。宋元两代龙泉窑双鱼洗特征有所变化，宋代双鱼洗只有凸贴，胎体较轻薄，胎色白灰，胎质绵密，足墙窄高，外底施釉、折沿宽、平、薄，折沿无孔，腹壁弧度较小，火石红较浓重深沉，外壁莲瓣刻划纹路清晰、秀丽，鱼鳞为点状，纹路灵秀。元代双鱼洗凸贴、凹印工艺均有，胎体厚重，胎色灰白，质地较疏松，足墙矮宽，外底施釉或无釉，折沿变的窄、翘、厚，折沿两侧穿孔，腹壁弧度较大，火石红浅淡，外壁莲瓣刻划纹路边界不清，有的鱼鳞为片状，纹路略硬。明代也有少量的双鱼洗，质量远不如宋元两代，釉色浅淡呈灰青色，凸贴、凹印鲤鱼，外底多无釉。[①]

南宋时期，宽沿洗与莲瓣洗亦屡见不鲜。宽沿洗又称折沿洗，洗沿平折外侈，洗外口缘多较薄利，亦见唇口，浅弧腹、直腹皆有，腹底部内折，平底。莲瓣洗则敛口圆唇，弧腹，圈足，修足规整，外壁刻凸莲瓣纹一周，釉色青翠沉稳。

元代龙泉窑文具推陈出新，烧制许多奇思巧妙之物。砚滴，为贮水以供研墨之用，又称水滴、水注、书滴、滴子，造型多小口圆唇，丰肩鼓腹，腹部两侧开有两小孔，用以进水注水，元代时出现了舟形、鱼形、牛形、人形等独特形式。水丞用途与砚滴相近，元代时水丞造型新颖，缙云博物馆收藏的一件元代龙泉青瓷水丞，小口，圆腹，下腹部有六个扁平状出戟足，水丞一侧贴塑一只老鼠，其前肢扶于水丞口部，头略上扬，俗称"老鼠偷油罐"[②]，饶有趣味。

明代龙泉窑文具种类较为丰富，除前代的洗、水注、水丞外，还

① 马骋、杨寒桥：《龙泉窑》，上海大学出版社，2012年，第65页。
② 牟宝蕾：《龙泉窑通鉴》，浙江人民美术出版社，2017年，第227—228页。

有砚、砚屏、笔筒等。砚，即研，龙泉窑瓷砚存世较少，外形常作八边形，内有圆形砚台面，台面不施釉，以便研墨，其余部分施青釉，外壁装饰花纹。砚屏也是文房用具的一种，多置于书桌上，也常用作陈设器，明代龙泉窑生产的青瓷砚屏，有方形、长方形，下面带有底座，屏面装饰不同的图案，有的屏后带插管。龙泉窑笔筒，多为直口、圆唇、筒腹、卧足，有的笔筒还采用镂雕技法，腹壁镂空，施以青黄色釉，显得玲珑剔透。（见P240图230）

六、结语

龙泉窑是中国陶瓷史上最后形成的，也是生产规模最为庞大、文化内涵最为丰富的一个青瓷系统，集中国历代青瓷工艺发展之大成。它创烧伊始，以日常生活用品、随葬品为主要功能。南宋时期是龙泉窑的顶峰阶段，伴随着厚釉产品的出现，创烧了许多仿古器物，具有祭祀、陈设功用，拓展了一个民窑生产的器物品类。元代龙泉窑兼容蒙汉文化，烧制大量具有草原风格、伊斯兰风格的器型，体现了元代开阔大气、豪迈进取的特征。明朝初期，龙泉窑一度为宫廷烧制御用青瓷，器物造型丰满浑厚，花纹繁密，展示明人雍容华贵的审美取向。龙泉青瓷在不同历史时期的器型变化多样，常可一器多用，这与各个时代的社会经济、生活方式息息相关，也是千百年来中国传统文化取向与审美变迁的集中展现。龙泉青瓷各器型的发展历史，丰富了我国灿烂的瓷器文化，在中国乃至世界陶瓷史上写下了熠熠生辉的一页。

浅述龙泉青瓷装饰工艺及纹饰

◎ 席菊芬

龙泉窑瓷器以其美轮美奂的釉质以及丰富多样的装饰工艺奠定了其在中国瓷器史上不可或缺的艺术地位。早期龙泉瓷器以习见的日用品为主，在器形、装饰与釉色方面与越窑、瓯窑、婺窑有相似的特征；龙泉窑在北宋中期以后逐渐形成了自己的风格，在南宋达到极盛，元代在烧大件器物的技术上有所突破，明中期以后则逐渐走向衰落。

广州博物馆馆藏青瓷器形种类丰富，包括碗、盘、瓶、炉、罐、瓿、盏托、壶、高足杯、鼓凳、笔筒、洗、镂空器座、塑像等；装饰工艺包括刻花、划花、印花、贴花、露胎、镂空、点彩等。纹饰题材广泛，内容丰富，主要包含以下类别：一是植物题材，主要是花草，如莲瓣纹、牡丹纹、卷草纹、蕉叶纹、菊瓣纹、竹纹等；二是动物题材，如龙凤、鱼、龟、鸟等；三是历史人物故事题材；四是文字题材，包括汉文字和梵文；五是其他纹饰，如八卦纹、水波纹、弦纹、格纹、乳钉纹、篦划纹等。不同时期的龙泉窑瓷器会随时代变迁、审美变化而呈现不同的装饰风格，在装饰工艺及纹饰方面既有延续又有创新，体现出独特的时代特性。本文立足广州博物馆馆藏，探讨不同时期龙泉青瓷的装饰工艺及纹饰的特点。

一、宋代龙泉青瓷装饰工艺及纹饰

北宋早期的龙泉瓷器以淡青釉为主，釉色淡青，釉层较薄。一般器型端庄协调，器壁较薄，胎色白净，胎质致密坚硬，釉色淡青泛白，与瓯窑产品相似，胎釉结合紧密。瓷器除碗、盘、瓶、罐等日用品外，尚有专供随葬的冥器多管瓶及长颈盘口壶等，此时期器物主要装饰风格为刻划花，辅以篦点或篦划纹，线条简洁，以线勾图，十分生动。[①]常见刻划纹饰有牡丹花纹、莲瓣纹、蕉叶纹，此外还有波浪、云纹、团花和婴戏等纹饰。

北宋中晚期的瓷器种类仍以日用品为主，器型古朴大方，器壁均匀且较薄，胎色灰白或灰色，釉薄，半透明，釉层常有裂纹，釉色青绿，不少泛黄或泛灰，纹饰常见为团花、莲瓣、缠枝牡丹、折扇纹等，纹饰繁密，以刻划为主。[②]碗盘内外壁双面刻划花，深刻浅划。刻花刀法犀利、粗犷豪放，划花纤巧精细，如篦纹、水波纹及花叶的茎脉纹等。较之其他窑口的装饰工艺，龙泉瓷的刻划纹饰能够巧妙地将釉色、釉质的厚薄与刻划技法融为一体，且汇聚了诸窑口瓷器的外在装饰之长。

广州博物馆藏北宋龙泉窑青釉刻花五管瓶（见P4图1、P6图3），在器盖、器身或器腹下部即用了北宋比较有代表性的刻莲瓣纹来装饰，尤其是P4图1所示五管瓶，在盖面上刻双重覆莲瓣纹，身塑多级梯形环绕，上两级光素无纹，中级较宽，并按等分排列五个喇叭口形管；下三层均刻仰莲瓣纹。五管瓶之所以设五管，因江浙地区人们认为"五"是吉祥数字，有"金木水火土"五行、"仁义礼智信"五德及"五子登科"等含义。

南宋早期的龙泉窑依旧是以胎装饰为主，这一时期，刻划仍为主要形式，纹饰简化。早期器物种类不断增多，有些器物仍沿用北宋的样式，生活用具类的刻划装饰由北宋时的内外壁双面刻划变为只有单面刻划花，以刻为主。南宋晚期，龙泉窑在原先石灰釉基础上加入了碱，制成石灰碱釉。石灰碱釉在高温烧制时不易流动，可以多次施釉或变成厚釉。由于石灰碱釉的器物为厚釉且透明度低，刻划纹饰在胎上很难显现。南宋时期的龙泉窑因釉色优美、造型别致，多数光素无纹。[③]这一时期器物的装饰或以改变器物形状或以象形构造器型，如广州博物馆藏南宋龙泉窑青釉瓜棱形执壶（见P21图17），以瓜棱塑形，造型别致，器身仅刻划双弦纹，无过多装饰，重在突出器形之美；再如南宋龙泉窑青釉菊瓣纹碗（见P14图11），该碗器型及釉色均有南宋龙泉青瓷典型特色，薄唇，敞口，深弧腹，下收尖底，小圈足。外壁刀刮凹楞形菊瓣纹一周。釉色接近粉青，薄釉处呈青白色。

① 浙江省文物局编：《中国龙泉青瓷》，浙江摄影出版社，1998年，第180页。
② 浙江省文物局编：《中国龙泉青瓷》，浙江摄影出版社，1998年，第181页。
③ 李柏霖：《鉴识龙泉瓷》，福建美术出版社，2001年，第28页。

釉层滋润，造型典雅，制作精美。

二、元代龙泉青瓷装饰工艺及纹饰

元代龙泉青瓷大件器物较多，器大而不变形，反映出烧制技术的纯熟。此时期常见的碗、盘、杯、盏、洗、瓶、炉等器型外，出现了许多创新产品，有大盘、大碗、大瓶、高足杯、小钱罐等。[1]此时的龙泉窑瓷器，釉薄，胎体变厚，为使其不影响观赏价值，在器物上进行大量装饰。匠师们采用刻、划、印、镂、雕、贴和点彩等手法装饰瓷器。常见的刻、划、印花纹饰有牡丹、菊花、荷花、缠枝花、卷草等。釉上贴花、露胎花、印花是元代龙泉窑常用的装饰技法。[2]

广州博物馆藏元代青釉印牡丹纹大盘（见P61图55）是这一时期的精品，此大盘高6厘米，口径32.5厘米，足径21厘米，此盘内外壁均有装饰，其中内部纹饰分三层，中央印花牡丹为主体纹饰，线条柔和灵巧，花瓣枝叶均清晰明朗，叶脉亦历历可辨，其外一圈刻密实的半月形花纹，再一层就是内腹所刻卷草纹；盘外腹贴花一朵，其余则素面无纹。在一件大盘上同时采用了刻花、印花及贴花装饰，且纹饰均清晰灵动，为元代精品器物之一。

印花是元代龙泉窑广泛采用的装饰技法，它的制作工艺是将带有纹饰的印戳或模子在成型的瓷胎上印出花纹。[3]印花规格统一，操作简单，节省工时，生产效率较高。广州博物馆馆藏中有不少元代龙泉窑青釉印花碗（见P47图41、P48图42），在碗内壁印花一周，且所印之花草纹饰相近，是元代龙泉青瓷常见的印花风格。

三、明清时期龙泉青瓷装饰工艺及纹饰

明代龙泉青瓷造型厚重，釉层厚，釉色以深青绿为主，主要器型有碗、盘、杯、高足杯、炉、盏托、觚、瓶、坛、镂空器座等，其中碗有八角形、荷叶形和孔明碗，杯有高足杯和暖杯，瓶有长颈瓶、盘口瓶、梅瓶、高身瓶，炉有樽式炉、洗式炉等，器型丰富多样。

这一时期的装饰手法主要是模印和刻花、剔刻花，纹饰有弦纹、回纹、乳钉纹、葵纹、竹节纹、莲瓣纹、菊纹、云纹、缠枝纹、梅花、牡丹花、八卦纹、福寿吉语等，同时出现了山水人物和历史故

① 李柏霖：《鉴识龙泉瓷》，福建美术出版社，2001年，第43页。
② 李柏霖：《鉴识龙泉瓷》，福建美术出版社，2001年，第51页。
③ 周丽丽：《略述元代龙泉窑瓷器的装饰技法》，《陶瓷研究》1986年第3期。

事、梵文等装饰题材。此时镂空装饰大量出现，如广州博物馆藏明代黄釉镂雕菊瓣纹笔筒（见P240图230），该笔筒腹壁镂刻菊纹，施青黄釉；又如明代龙泉窑青釉镂空器座（见P176图166），该器座花瓣形，器身镂空，器上部均匀分布五个圆孔，腹至腹下部镂空成花形，并刻花纹装饰，器底镂空。馆藏此类镂空器座数量较多，且以相似纹饰装饰。

明代龙泉窑还出现了一些新瓷器如鼓凳、人物故事碗等。广州博物馆藏有明龙泉窑青釉印人物纹碗（见P97图89），该碗内壁阴印6位人物及文字，谓"孔子忆颜回""李白功书卷""真子破棋开""关索武之才"，内外壁口沿下方均阴印回纹一圈。

明代龙泉窑瓷器仍以大器为主，胎体厚重，在馆藏明代龙泉青瓷藏品中有高达60多厘米的瓶，有口径50余厘米的大盘，如明初龙泉窑青釉刻花折沿大盘（见P125图117），该盘板沿口，弧腹，圈足，内外施青釉，青釉裹足，仅留一圆圈露胎，内外均刻花，外腹壁刻缠枝莲花纹，板沿口刻卷草纹，内腹壁刻缠枝莲纹，器心刻钱纹，菱形开光，并用卷草纹环绕。此外在明代龙泉窑瓷器中有以梵文装饰的大盘（见P142图133），该盘口外撇，内底微隆，腹较陡直，折腰，圈足宽而浅。胎白中带灰，通体遍施梅子青釉，釉色肥润、均匀，盘心饰一梵文，外饰两圈刻划弦纹。这两件大盘是明代藏品中的精品。

清代龙泉窑已走向衰落，除了孙坑、大窑等少数窑场在继续烧造外，其余均已停烧。瓷器以实用器皿为主，以供当地民用。其时，胎骨坚硬，施青色透明釉，除实用器皿外，还有笔筒、花瓶、花盆。纹饰有花卉、云龙、八卦、鼓钉、斜方格等，以刻花为主，也有镂雕。[①]馆藏此时期龙泉窑藏品不多，这一时期的龙泉窑瓷器胎骨厚重，胎色灰白，器身多有纹饰，纹饰繁杂，器型较为笨拙。

综上所述，不同时期的龙泉青瓷装饰工艺及纹饰随时代变迁、审美变化等而改变，适应不同时期的社会需求。龙泉窑装饰的艺术风格，既有各个时期其他窑口艺术的借鉴，又创作出龙泉窑的特色，形成自身的风格。龙泉青瓷装饰工艺及纹饰的刻划与运用，无不体现了窑工们的审美情趣和艺术品味，他们用各种装饰工具和手段，向世人展示着龙泉青瓷之美。

① 李柏霖：《鉴识龙泉瓷》，福建美术出版社，2001年，第69—70页。

沿海上贸易之路看龙泉窑瓷器的外销

◎ 邓玉梅

在谈及古代中国商品的外销历史和传播路径时，人们最常想到的是19世纪末德国地质学家李希霍芬提出的"丝绸之路"。与这条陆上丝绸之路并行的古代商贸通道，还有经南海、印度洋到达中东等地的"海上丝绸之路"。实际上，以中国丝绸贸易为特点的陆上丝绸之路的兴盛时期主要到公元8、9世纪，此后，海上交通成为东西方贸易的主要渠道，中国出口贸易从丝绸贸易为主导转为以陶瓷出口为大宗。随着航海和造船技术的发展，从唐代开始中国海上贸易航线大大拓展，中国陶瓷出口贸易的飞速发展由此揭开帷幕。日本当代著名陶瓷学者三上次男把这条运输中国陶瓷的海上航路称为"陶瓷之路"。

在中国陶瓷对外贸易历史中，龙泉青瓷扮演着重要角色，尤其是在12—15世纪的数百年间，其产品通过宁波、温州、泉州等港口行销亚洲、非洲、欧洲的诸多国家和地区，对全球陶瓷工艺技术发展、物质生活和精神文化等方面产生了深远而广泛的影响，不仅是中国精湛制瓷技艺的代表，更是当时世界贸易往来、技术交流和文化融合的重要见证者和参与者。

一、各贸易区陆上遗址龙泉瓷考古调查

随着全球沿海地区跨文明的物质交流的发展，逐步形成了太平洋西岸、印度洋北岸、东岸地区、地中海地区等多个相对独立又彼此联系的贸易区域。就中国瓷器贸易的流通区域而言，在16世纪西欧国家开辟绕行非洲南部进入印度洋或经太平洋进入印度洋的航线以前，中

国瓷器贸易主要在太平洋西岸至北印度洋沿岸的区域展开。[1]

9—11世纪，中国陶瓷的外销从少量输出，迅速发展到较大规模输出的阶段。这一时期，乃至于更晚的时期里，在印度洋上有三个贸易圈盛极一时，即中国到东南亚、东南亚到阿拉伯、波斯地区，以及阿拉伯地区到东非的三个贸易圈。[2]龙泉窑瓷器成为当时中国最主要的外贸商品，尤其是12世纪至15世纪，从东亚到东南亚、南亚、西亚再到非洲东部和北部，到处都可发现龙泉瓷器的流传。

我国陶瓷在唐代已大量输出域外，宋代以来对外输出持续增加。此时，浙江龙泉青瓷连同江西景德镇窑的青白瓷、福建黑釉瓷等开始大规模外销。根据《诸蕃志》记载，两宋期间与中国开展瓷器贸易的国家和地区主要有现印度、柬埔寨、越南、菲律宾、马来西亚、斯里兰卡、坦桑尼亚等国家和地区。具体提到的贸易瓷器品种有青瓷、白瓷和青白瓷三个品种，如提及渤泥"番商兴贩用……青瓷器等博易"[3]。

元明时期的中外交流史料，如《岛夷志略》《星槎胜览》《西洋番国志》《瀛涯胜览》《明史》等，均有中国瓷器销往东南亚、南亚、西亚、东非等地区的记载。其中，对青瓷的外销记载可见于《岛夷志略》的"曼陀郎"条和《瀛涯胜览》的"锡兰国"条中。"曼陀郎"位于今印度西部古吉拉特邦，锡兰国则是如今的斯里兰卡。

元代中国瓷器的输出情况，在汪大渊所著《岛夷志略》中记载较为详实。其中记载我国瓷器输出的有50多个地区，提及的贸易瓷的名称主要有"青瓷""青白花瓷器""青白瓷"和"处州瓷器"四类，其中"青瓷"和"处州瓷"即以龙泉青瓷为主，包括浙江、福建沿海地区仿龙泉窑的制品在内，以"青瓷"或"处州瓷"贸易的地区多达20个。[4]《岛夷志略》中还对瓷器输出的44个港口综合统计，龙泉青瓷占第一位，青白瓷占第二位。

事实上，古代中国陶瓷销售和传播的国家和地区远远不止以上提及的地方。迄今为止，在中国境外发现的龙泉窑瓷器，年代主要为南宋至明代，其中数量最多的是元至明中期的产品。龙泉窑瓷器的外销数量、种类与各朝代实行的对外贸易政策、贸易航线拓展、生产工艺技术及输出地区的经济发展等综合因素相关。[5]

① 魏峻：《16—17世纪的瓷器贸易全球化：以沉船资料为中心》，《故宫博物院院刊》2022年第2期。
② 秦大树：《中国古代陶瓷外销的第一个高峰——9—10世纪陶瓷外销的规模和特点》，《故宫博物院院刊》2013年第5期。
③ 叶喆民：《中国陶瓷史》，生活·读书·新知三联书店，2011年，第374页。
④ 中国硅酸盐学会主编：《中国陶瓷史》，文物出版社，2004年，第353页。
⑤ 申浚：《浅谈西亚与南亚地区发现的元明龙泉窑瓷器》，《故宫博物院院刊》2013年第6期。

（一）东亚、东南亚环中国海区域

中国陶瓷器从日本奈良时代（710—794）就传入日本，日本出土中国瓷器的地点多达数十个，散布在本州、九州、四国沿海及中心地带。绝大多数属北宋后期至元初的产品，以青瓷、青白瓷为主。青白瓷多为江西景德镇及福建沿海地区的瓷窑产品；青瓷则以龙泉窑青瓷为主，如最著名的日本镰仓海岸及京都、福冈出土的大量青瓷残片中，就有不少宋代龙泉窑及浙江生产的青瓷。

在日本发现的早期龙泉窑青瓷以碗、盘为主，如莲瓣碗、竖卷云纹碗、篦纹划花碗、凤鸟纹大盘等。这些器物胎壁厚、圈足宽矮、釉薄而光亮，烧造工艺与越窑近似。后期的青瓷与早期有明显区别，烧制工艺有很大提高。其中一类是厚胎薄釉、外壁刻有宽莲瓣纹的碗；另一类则是南宋中期以后的薄胎厚釉青瓷，即"砧青瓷"。[①]明代中期龙泉窑青瓷在日本的发现最为丰富，不仅在都市遗址遗迹都有出土，在传世的龙泉青瓷如天龙寺青瓷、七官青瓷中都有留存。1980年，在日本冲绳石垣岛山原遗迹第二次发掘中出土的龙泉青瓷，碗类最多，细线莲瓣碗、雷纹碗较为多见，其次是碟、盘类，其中一件碗内模印"顾氏"铭。[②]冲绳的首里城内也出土了大量明代早期的龙泉青瓷。

朝鲜地区出土有不少宋代名窑青瓷，其中龙泉窑青瓷碗也有发现。高丽青瓷最初学习和吸收了北宋越窑的工艺技术，后来陆续受耀州窑、汝窑、定窑等中国产品影响不断发展。南宋时期的龙泉窑青瓷同样对高丽青瓷产生了重大的影响。近年发掘的高丽古墓中，就有出土刻有"河滨遗范"的龙泉青瓷碗。

印度尼西亚全境内都发现有中国瓷器，数量最多的便是青瓷，其次是青白瓷。尤其是从12、13世纪以来，伊斯兰教传入印尼，因宗教信仰原因，当地人对青釉瓷器情有独钟，中国龙泉青瓷产品在贸易航线所及之处的岛屿都有遗留。另外，在菲律宾、马来西亚、新加坡、柬埔寨、越南、缅甸和文莱等地区也有相当数量的龙泉青瓷出土。菲律宾地区发现的中国瓷器，主要为浙江青瓷，多为近似于北宋时期龙泉窑青瓷，如五管瓶、梅瓶等刻花青瓷，以及南宋时期的浙江、福建地区所产青瓷。20世纪40年代，美国哈佛燕京学社组织过在菲律宾的考古发掘，在吕宋岛曾出土了明代中期的龙泉瓷盘，同一发掘区也出

① ［日］长谷布乐尔：《日本传世的砧青瓷》，《中国古外销陶瓷研究资料》第一辑，中国古外销陶瓷研究会编印，1981年，第22—25页。
② 《冲绳石垣岛山原遗迹第二次发掘调查概报》，《青山史学》第6号，1980年。

土了细线莲瓣碗，与日本和歌山纪淡海峡出水的莲瓣碗类似。[1]20世纪以来，在马来西亚的沙捞越地区大量出土过我国的古瓷残片，数量多达百万片以上，种类有青白瓷、青瓷、黑瓷等，其中青瓷具有浙江龙泉窑的特征。苏门答腊北部出土的一件龙泉青瓷盘，口径约31厘米，窄圈足、修足规整，青灰釉、细微开片，内壁饰卷叶纹，外壁饰刻画漩涡纹，相同形制的碗在龙泉东区出土实物中也有发现，年代当为南宋早期。

目前对东南亚地区发现龙泉青瓷的记录大部分较为单薄。总的来说，年代主要集中在南宋以后至明代中期以前，明代中期以后数量逐渐减少，器型有碗、盆、洗、瓶、香炉、罐、高足杯、盒、壶、匜等，其中以碗、盘、罐居多。[2]值得注意的是，龙泉青瓷在东南亚地区输出的数量和种类，与其他区域有所不同。根据日本学者青柳洋治的调查，12、13世纪东南亚流行的主要是福建地区生产的瓷器，13世纪晚期至14世纪，出土常见的瓷器多为福建泉州及周边地区的产品和浙江龙泉地区的青瓷，江西景德镇青花瓷还较为少见；到了15—16世纪早期，青花瓷才成为当时主要的外销瓷。[3]

（二）环印度洋区域

在近代西方主导的世界贸易体系形成以前，印度洋是联系旧大陆海上贸易的重要区域，尤其是11世纪之后，迅速崛起的中国海上贸易和穆斯林商人的扩张加速了印度洋地区贸易的发展。[4]伊斯兰世界长期以来都是中国陶瓷的消费市场。11—12世纪以来，随着宋代造船和航海技术的提高，大量中国海船进入西印度、阿拉伯地区进行长途贸易。中国贸易陶瓷的种类随着历史变迁不断发生变化，到了13世纪，龙泉青瓷成为中国贸易瓷器的主流。[5]

1. 南亚地区

南亚地区尤其是印度自古以来就是东西贸易海陆的大中转站，遗憾的是，南亚地区目前所见披露的考古调查资料很少。目前所知，在印度东北部的阿萨姆邦的柯瓦梯、南部迈索尔邦的钱德拉瓦茨里与马德拉斯邦的本地治里、阿里卡梅多等地曾发现有明代以前的中国瓷器。1987年印度考古学家对大八丹进行了考古发掘，发现了青瓷、

[1] Olov R. T. Janse, "Notes on Chinese Influences in the Philippines in Pre-Spanish Times", *Harvard Journal of Asiatic Studies*, Vol. 8, No. 1, 1944.
[2] 项坤鹏：《浅析东南亚地区出土（水）的龙泉青瓷——遗址概况、分期及相关问题分析》，《东南文化》2012年第2期。
[3] ［日］青柳洋治：《东南亚发掘的中国外销瓷器》，《南方文物》2000年第2期。
[4] 李大伟：《公元11—13世纪印度洋贸易体系初探》，《历史教学》2013年第2期。
[5] ［日］森达也：《伊朗波斯湾北岸几个海港遗址发现的中国瓷器》，冯小琦主编：《古代外销瓷器研究》，故宫出版社，2013年，第319页。

白瓷、青花瓷等1000多件陶瓷片，其中青瓷占60%，龙泉窑青瓷占35%，福建青瓷占25%。

印度伊斯兰教徒旅行家伊本·白图泰在1340年前后到达印度西海岸卡里库特（今科泽科德）时发现，十三艘中国商船在此停靠。每艘商船都携带一千余名船员、水手，大量中国商人皆预购来回的船票，船舱已没有空位。[1]当时的卡里库特和阔伦城是来自中国的商人和来自西方的阿拉伯商人的汇聚之地。白图泰还提到，"中国人将瓷器转运出口至印度诸国，以达吾故乡摩洛哥"[2]。《岛夷志略》中也提及卡里库特和阔伦的繁荣景象和陶瓷器交易活动等见闻。

关于印度大陆考古发现中国瓷器的情况，三上次男在《陶瓷之路》中提及在印度多个地方发现有中世纪的中国陶瓷，如在南印度的迈索尔邦、科罗曼德海岸的一个叫做"本地治里"的城市，曾发现11—13世纪宋代龙泉青瓷，其中一件完整的高品质南宋龙泉窑青瓷碗，后来被德里的国立博物馆收藏。印度东端阿萨姆邦的首府高哈蒂的邦立博物馆也收藏有当地出土的14—15世纪龙泉青瓷大碗残件。[3]

斯里兰卡位于印度洋孟加拉湾与阿拉伯海湾海上路线的分界区域，为古代东西方贸易交流的一个重要的中转基地，旧称锡兰。在斯里兰卡的马图、阿努拉达普拉、贾夫纳阿拉彼提遗址等多个古代遗址的考古调查中，出土了9—13世纪的中国青瓷、白瓷、青白瓷等，其中包括龙泉青瓷。阿努拉达普拉以南的雅帕护瓦城市遗址，发现有宋元时期的中国瓷器及同时代中国铜钱千余枚，出土的一件完整的龙泉窑青瓷莲瓣纹碗最为引人注目。

马尔代夫是位于斯里兰卡西南边的一个岛国。1974年约翰·卡斯维尔（John Carswell）一行进行调查，梳理出宋至明清时期的中国瓷片486件。28件宋代瓷片中有8件龙泉窑青瓷片，117件元代瓷片中有77件龙泉窑青瓷片，341件明清时期瓷片以青花瓷片为主。其中元代龙泉窑瓷器的胎多呈灰色，釉多呈灰绿色，一般外底和圈足无釉，有的内底一圈无釉涩圈。器型有敞口碗、侈口碗、折沿盘、菱花口盘高足杯等。卡斯维尔还提到曾在马尔代夫首都马累出土了14世纪元代龙泉窑青瓷碗、盘等的残片，其中一件碗的内壁戳印牡丹纹，外壁刻莲瓣纹。[4]

① Ross E. Dunn, *The Adventures of Ibn Battuta*, California: University of California Press, 2005, p.222.
② 引自张星烺编注，朱杰勤校订：《中西交通史料汇编》，中华书局，2003年，第637页。
③ ［日］三上次男：《陶瓷之路》，文物出版社，1984年，第121—128页。
④ 申浚：《浅谈西亚与南亚地区发现的元明龙泉窑瓷器》，《故宫博物院院刊》2013年第6期。

2. 西亚、波斯湾地区

在12—14世纪，龙泉青瓷成为西亚、波斯湾地区最流行的中国外销瓷品种。龙泉大碗、大盘等大型器皿的数量最多，应该与当地人的宗教生活习俗有关。《明史·外国传》记载："华人往者，以地远价高，获利倍他国。"对远离中国的西亚地区来说，当时来自中国的龙泉窑青瓷是非常珍贵的物品。[1]

能够较为集中体现该地区龙泉瓷器外销风貌的一大成果，是英格兰考古学家安德鲁·佐治·威廉姆森（Andrew George Williamson）于1968—1971年间对伊朗南部和波斯湾北岸约1200座遗址进行的考古调查。在3500余片东亚陶瓷片中，以龙泉窑瓷片数量最多，达到1002片，年代大致可分为三个阶段：南宋末期至元初、元代中后期到明代初期、明代中后期，其中第二阶段的数量最多。[2]

第一阶段南宋末期至元初的龙泉瓷器以碗、洗、盘和小罐为主，纹饰多为浮雕莲瓣纹，贴双鱼纹、浮雕竹节纹也有发现，还有少量的素面小罐。莲瓣纹小罐发现最多，与在日本镰仓今小路西遗址和印度尼西亚西加里曼丹遗址发现的龙泉窑小罐相似。据此推断，莲瓣纹小罐的外销地区很广，包括东亚、东南亚及西亚地区，是在全世界范围内很流行的一种器物。莲瓣纹碗、洗等器物也是龙泉窑外销瓷中最为常见的种类，在威廉姆森藏品中占了很大比例。双鱼洗也很常见，且数量较多，这种情况与在日本、印度尼西亚、苏门答腊、近东地区、埃及等地遗址发现的情况相似。第二阶段元代中后期至明代初期的产品，占了绝大多数。器型更为丰富，主要有洗、碗、大盘、壶、小罐等。装饰手法也更加多样，菊瓣纹、荷叶纹、弦纹及葵花口装饰十分流行。多种工艺技法，如划花、模印、贴花、漏胎等均被广泛应用。器物的尺寸开始变大、胎质厚重、釉层变薄，产品质量整体上参差不齐。第三阶段明代中后期产品所占比例极小，威廉姆森藏品中仅发现一件，残片的内外口沿处均饰有环形回纹，内部饰模印的文字，具有典型的明代中期特征。

日本学者森达也曾于2007年就伊朗波斯湾北岸几个海港遗址发现的中国瓷器进行调查。其调查结果与威廉姆森藏品的调查基本一致，即龙泉青瓷作为贸易瓷主要流行于13—15世纪。[3]从器型看，大部分

[1] 申浚：《浅谈西亚与南亚地区发现的元明龙泉窑瓷器》，《故宫博物院院刊》2013年第6期。

[2] ［英］德雷克·康奈特、张然、［英］赛斯·普利斯曼：《近东地区考古遗址发现的龙泉窑瓷器——英国威廉姆森藏品及斯拉夫遗址调查藏品中的龙泉窑青瓷简介》，中国古陶瓷学会编：《中国古陶瓷研究：龙泉窑研究》，故宫出版社，2011年，第449页。

[3] ［日］森达也：《伊朗波斯湾北岸几个海港遗址发现的中国瓷器》，冯小琦主编：《古代外销瓷器研究》，故宫出版社，2013年，第319页。

属于碗、洗和盘类器物，高足杯或香炉之类的器物很少，甚至没有。由此可见，在海上贸易过程中，大部分会选择更能够节省装载空间、便于运输的器物进行贸易。

阿曼南部尤其是著名的阿尔巴利德（Al Balid）的考古发掘也具有代表性。阿尔巴利德位于阿曼南部海岸，在伊斯兰时代曾是印度洋贸易的重要口岸。迄今为止，当地共计梳理出中国瓷片约300件，其数量约占发现陶瓷片总量的2.56%，这一比例高于印度洋地区其他遗址中国陶瓷的发现比例。遗址出土的中国陶瓷片中，60%以上主要为青瓷产品，青瓷产品中大部分为龙泉窑产品，景德镇的青花瓷数量次之，还有少量为福建南部、广东地区窑场产品。[1]其年代介于13世纪下半叶至15世纪，而这一时期也恰恰是当地历史发展的鼎盛时期。随后，随着郑和七下西洋，阿曼南部地区与中国政府之间的官方联系不断加强，这一点从当地出土的部分瓷器来自于中国与阿拉伯使团的官方贸易得到了印证。遗址中发现的16世纪以后的中国陶瓷的比例明显下降，龙泉瓷器逐渐被青花瓷取代。

此外，在伊朗的基什岛北部、布什尔省等一些14世纪前后较为兴盛的中转贸易港口遗址中，发现了数量众多的龙泉青瓷，其中13—14世纪的龙泉青瓷数量最多。其中元代至明代早期的中国瓷器以龙泉窑青瓷为主，器型有碗、盘、瓶、罐等。碗类主要是元代的刻划莲瓣纹碗、模印菊瓣形花口碗、印花八宝纹碗、内底贴菊花纹大碗等，盘类有元代的贴花双鱼纹折沿盘、菊瓣纹折沿盘、刻花折沿盘和明代刻花缠枝花纹敞口盘等，瓶类有元代葫芦瓶和玉壶春瓶等。[2]

3. 非洲地区

10世纪前后，非洲地区已经与阿拉伯半岛、印度、斯里兰卡、印度尼西亚及中国等国家和地区开展广泛频繁的远距离交流。到13世纪前后，非洲当地的精英阶层已经能够控制和管理非洲东部板块当地的、区域性的及跨洋的贸易和交流。[3]

从出土瓷片的数量判断，10—14世纪左右，非洲地区跨洋贸易瓷器的数量明显增多，并且中国陶瓷产品最受欢迎。同一时期输入非洲的中国瓷器品质明显优于伊斯兰和印度地区生产的釉陶制品。在非洲发现的中国古瓷中，龙泉青瓷数量仅次于青花瓷，而宋元时期的中国

① Alexia Pavan, Chiara Visconti, "Trade and Contacts between Southern Arabia and East Asia: The Evidence from Al-Balid", *Proceedings of the Seminar for Arabian Studies*, Vol. 50, 2020, p.243.

② 申浚：《浅谈西亚与南亚地区发现的元明龙泉窑瓷器》，《故宫博物院院刊》2013年第6期。

③ J. Middleton, *African Merchants of the Indian Ocean: Swahili of the East African Coast*, Long Grove: Waveland Press, 2004.

瓷器则以龙泉窑产品数量最多。

（1）北非地区

从已发布的考古材料看，北非地区发现的中国陶瓷主要在埃及。埃及地处欧、亚、非洲陆上交通要冲，是连接大西洋与印度洋之间海上交通的捷径。已发现的南宋至元代中国瓷器主要出土于福斯塔特、提勒盖特埃勒马拉、亚历山大里亚、努比亚、萨斯旺和阿伊扎布等遗址。

其中以埃及福斯塔特遗址的发掘和研究工作最为人熟知。福斯塔特位于今埃及开罗南部、尼罗河东岸，是北非最早开展瓷器贸易的地方，也是持续时间最长、出土瓷器数量最多的遗址。从1912年开始，多国学者陆续在该地开展考古调查与发掘。遗址共计发现超过1.7万片中国陶瓷碎片，逐步分类整理出1.2万余片9—19世纪中国瓷片，其中北宋至元代龙泉青瓷2000余片，占总数的19%，其中又以元代龙泉青瓷的数量最多。[1]当地发现龙泉窑产品的器型主要有北宋时期的两面刻划花碗，南宋时期的内壁刻花碗、外壁刻莲瓣纹碗，素面的器型有浅腹洗、小盅、盘口瓶、粉盒等，元代的狭长莲瓣碗、盖罐、敛口钵，元中期以后的弦纹碗、束颈钵、双鱼洗、双鱼、龙珠纹折沿大盘、折沿菱形口菊纹大盘；明代的印纹福字、细菊纹碗等。[2]根据三上次男判断，出口到福斯塔特的中国陶瓷，多为精选产品，其品质明显优于中东和东非其他地区发现的普通外销瓷器产品。

瑞典著名考古学家俞博（Bo Gyllensvärd）在其1973、1975年先后发布的报告中还指出，莲瓣纹装饰的中国陶瓷产品在伊斯兰地区广受欢迎。北非发现的北宋时期的外壁刻莲瓣纹龙泉碗、盘，其莲瓣常以高浮雕手法刻划，刀法刚劲，且其中一些宽大花瓣的中脉还会以加重手法突出刻划。莲瓣常分里外两层，部分外层花瓣叠在内层之上。[3]另外，在当地发现的莲瓣纹碗，其规格尺寸明显大于中国国内及其他地区留存的同类产品，这说明伊斯兰市场更偏好规格稍大的产品，且可能从南宋时期开始，龙泉窑已经针对伊斯兰市场喜好，提供专门的外销产品类型。当地明代龙泉窑产品器型种类相对较少，以大盘、碗为主，国内常见的罐、瓶、炉等时代典型器基本不见。由此可推断，埃及地区的伊斯兰民众并非对所有的龙泉产品感兴趣，他们大

① 申浚：《非洲地区发现的元明龙泉窑瓷器》，《考古与文物》2016年第6期。
② 任世龙、汤苏婴：《龙泉窑瓷鉴定与鉴赏》，江西美术出版社，2004年，第95页。
③ Bo Gyllensvärd, "Recent Finds of Chinese Ceramics at Fostat, II", *Bulletin of the Museum of Far Eastern Antiquities*, 1975, pp.93–117.

多偏好带有贴花或印花纹饰的大盘和碗类产品。[①]

（2）东非地区

东非地区是中世纪以来环印度洋地区繁荣发展的海上贸易体系中的一个重要区域。20世纪50年代以来，在东非地区发现的元明时期的中国瓷器数量最大，其中龙泉青瓷产品主要在肯尼亚、坦桑尼亚发现居多，年代跨度主要是南宋至明代中期。

2010年12月至2011年1月，北京大学调研小组对肯尼亚沿海地区蒙巴萨、拉穆群岛、马林迪市格迪古城共21处遗址出土的中国瓷器进行了整理。对格迪古城发掘出土的1257件中国瓷器的调研材料显示：产地主要来自景德镇、龙泉及广东窑口，其中景德镇窑瓷器469件，占总数的37.31%；龙泉窑瓷器737件，占总数的58.63%；广东窑口瓷器14件，占总数的1.11%。从年代看，元代早中期的瓷器共计289件，其中龙泉窑瓷器256件，占该期总数的88.58%；元代末期到明代初期，总计217片，其中龙泉窑（含龙泉窑系）瓷器182件，占该期总数的83.87%；明代早期瓷器共计292件，其中龙泉窑瓷器290件，占明初瓷器总数的99.32%。由此可见，在东非地区龙泉窑瓷器成为最主要的外销产品，输出量巨大远超其他窑厂产品。[②]从器型上看，元代龙泉窑常见的输出类型有花口内壁印花纹碗、莲瓣纹碗、折沿盘、贴花双鱼纹盘、双系小罐、荷叶形盖罐、凤尾尊等；明代早中期输出的龙泉窑瓷器常见的有刻花菊瓣纹敞口碗、菱花口折沿盘、菱花口折腹碟、盆等。

16世纪葡萄牙人控制了整个东非海岸，环印度洋海上贸易的控制权从阿拉伯、波斯等国家转移到葡萄牙。欧洲人介入中国瓷器贸易后，景德镇产品尤其是青花瓷快速取代其他窑口的产品，到了明代中晚期龙泉窑产品也被景德镇窑青花瓷所取代。

东非史研究学者乔维斯·马修（Gervase Mathew）的发掘调查也显示，东非沿岸各遗址发现的中国瓷器，从15世纪后期开始，输出的情况有较明显变化。15世纪后期以前，输出产品以青瓷为主，青花瓷较少，但此后情况却相反，以青花瓷为主，而青瓷则退居其次。同时，在15世纪后期以前，优质产品较多，粗制品较少，而此后普通外销品和粗制品成了出口的重点。[③]

① Bo Gyllensvärd, "Recent Finds of Chinese Ceramics at Fostat, I", *Bulletin of the Museum of Far Eastern Antiquities*, 1973, pp.91–171.

② 刘岩、秦大树、齐里亚马·赫曼：《肯尼亚滨海省格迪古城遗址出土中国瓷器》，《文物》2012年第11期。

③ Gervase Mathew, "Chinese Porcelain in East Africa and on the Coast of South Arabia", *Oriental Art New Series*, Vol. 11, No. 2, 1956, pp.53–54.

二、代表性沉船遗址出水龙泉瓷器情况

除陆上遗址考古调查外，沉船打捞调查成果也为展现龙泉窑瓷器的外销面貌提供了珍贵材料。据联合国教科文组织估计，全球海底约有300万艘未发掘沉船。[1]随着水下考古技术的不断发展，世界各地水域陆续发掘和打捞的沉船遗址越来越多，富含陶瓷货物的沉船发掘成果引发全世界的广泛关注。沉船遗址所遗留下来的共时性较强的货物组合成为探讨某个时间节点贸易状况的绝佳材料。[2]

就沉船上中国外销瓷器的品类组合而言，五代至北宋前期越窑产品占据主导地位；到北宋中晚期，南方地区特别是广东窑口数量大增；到了南宋时期，龙泉窑瓷器逐步增多，景德镇瓷器已兴起，并伴随着福建南部地区的瓷器也逐渐增多。在宋元时期沉船打捞出水的瓷器中，常见龙泉窑与景德镇窑及福建地区窑场瓷器并存外销的情况。一般情况下，与福建同类瓷器相比，龙泉窑、景德镇窑的瓷器往往品质较高。

打捞出水的龙泉青瓷数量庞大，种类丰富，分布海域广泛，时代跨度始于北宋晚期，经南宋、元代至明代早期的繁荣发展后，于明代中期开始衰落；有精、粗两种不同品质，以碗、盘、碟、洗、小罐等日用器为主，其中以大盘的数量、形制和装饰最为丰富。在工艺特征方面具有时代的一致性，体现出特定时代的基本面貌，同时也反映出不同目标市场的需求及不同社会阶层的消费使用状况。

其中较有代表性的能体现龙泉窑瓷器外销风貌的沉船遗址梳理如下：

（一）中国水下考古所见龙泉瓷器

1. 福建平潭大练岛西南屿沉船

该沉船位于福建平潭大练岛北部西南屿的西南面海域。2009、2010年进行水下考古调查，采集的瓷器标本均为龙泉窑青瓷。器型制作规整，其胎、釉及纹饰的风格一致，工艺特点相同，结合出水瓷器单、双面刻划花及斜篦纹等特征，推断其年代为北宋晚期至南宋早期。[3]

出水器型主要为碗和碟。碗有敞口、敞口折沿两种。灰胎，青绿

① Sila Tripati, *An Overview of Shipwreck Explorations in Indian Waters, Shipwrecks around the World: Revelations of the Past*, New Delhi: Delta Book World, 2015, p.785.

② 刘未：《中国东南沿海及东南亚地区沉船》，《考古与文物》2016年第6期。

③ 浙江省文物考古研究所：《山头窑与大白案》，《浙江省文物考古所学刊》，文物出版社，1981年。

色釉，里外满釉，仅圈足内无釉露胎，内腹、底刻划花草纹，有些外腹刻划斜篦纹。碟也有敞口、撇口两类，胎釉、内底、外腹与碗相似，分别刻划莲花纹和斜篦纹。

2. 福建莆田北土龟礁一号沉船

沉船位于福建省莆田市南日岛东北，2008年发现，出水瓷器绝大部分为青瓷，多为碗，有少量盘、碟，纹饰多刻划莲瓣纹、卷草、水波纹、篦点纹及成组篦划纹，应为龙泉窑或者松溪回场窑的产品。采集铜钱122枚，大部分为北宋中晚期年号，最晚者为南宋绍兴通宝，由此推断沉船年代为南宋早中期。

3. 广东阳江南海1号沉船遗址

该沉船堪称中国水下考古的最主要发现，见证了中国水下考古事业的重要发展历程。1987年发现，2007年采用整体打捞方式开展水下考古和保护。至2019年船内清理出各类文物18万件，船货以瓷器为主，来自浙江、江西、福建三地的瓷器为多，如景德镇窑、龙泉窑，其中以景德镇窑瓷器质量最好。根据沉船上铜钱和瓷器上墨书"癸卯"的纪年，确定沉船年代为南宋晚期。

出水的龙泉窑瓷器多为单面刻划花，出现刻莲瓣、菊瓣纹器物，在分期上属龙泉窑南宋晚期的特征。类型有碗、盆、钵等。碗敞口，深弧腹，圈足。胎色灰白，胎体稍厚，足底无釉露胎。内腹刻划开光卷云纹，或内底刻划荷花纹，也有素面的。盘撇口，有圆口、花口两类。浅弧腹，圈足，胎色灰白，胎体较厚。青釉或青黄釉，施釉裹足，仅足心无釉露胎，内腹和盘心刻划荷花纹或内外满刻菊瓣纹。钵敛口，内折沿，斜壶腹、圈足矮小，胎色灰白，胎体较厚。青绿色釉，釉面冰裂纹，里外满釉，足底无釉露胎，外腹满刻莲瓣纹。

4. 福建平潭大练岛一号沉船

年代初步推断为元代晚期，2006年福建沿海调查时发现，2007年开展水下考古发掘。共采集瓷器标本300余件，均为元末龙泉窑产品，主要器物有盘、洗、小罐、碗等，灰胎，青黄或青绿釉，里外满釉，圈足内有的无釉，足底刮釉露胎。

其中盘的数量最多，大盘外形似大盆，多数为宽折沿，器型为大敞口，斜弧腹下收，卧足底。盘心装饰有印花、刻花、贴花，印花图案丰富，有龙纹、鱼纹、凤鸟纹、莲纹、人物、楼阁等，刻花有水草纹、莲纹等，贴花有龙纹、树叶纹等。小罐为圆唇小口，扁圆腹，平底略凹，有的双系，罐由二半模制成，中腹有接痕，器壁印卷草、缠枝花卉、龙纹等纹饰。洗圆唇，撇口，宽折沿，浅弧腹，阔平底，矮圈足，内底多印双鱼纹。大练岛一号沉船采集出水的龙泉瓷均为元代晚期的典型器物，其中足心留涩圈的特征，流行于元代晚期至明代早期。[①]

5. 西沙群岛沉船遗址

1998—1999年初，分别在西沙群岛最北部的北礁礁盘、永乐群礁东部银屿礁盘多处沉船遗物点采集出水了多批龙泉窑瓷器。北礁礁盘的"北礁一号"和"北礁三号"沉船遗物点采集有大盘、碟、洗，均为元代龙泉窑典型器物。其中大盘宽折沿，浅弧腹，阔平底，胎色白、胎体较厚重，里外满釉，足底刮釉露胎，内腹刻菊瓣纹，外壁素面，有多道旋削纹。[②]永乐群礁东部银屿礁盘的"银屿一号"沉船遗物点中采集有64件龙泉青瓷器，器物灰白胎较厚，青绿釉，里外满釉。器型有碗、盘、碟、洗等，其中敞口碗、菱口盘、菱口碟、敛口洗等均为明代早中期龙泉窑的典型器物。[③]

（二）其他水域沉船遗址

20世纪70年代以来，伴随水下考古的兴起和商业打捞的繁荣，发现了大量运载中国贸易瓷器的沉船遗址。但遗憾的是，不少地区的沉船以商业打捞为主，因船体本身的发掘不具备商业价值，打捞信息记录不完整，相关资料也较少系统刊布。东南亚地区的沉船打捞便普遍存在这种现象。

1. 韩国新安沉船

该船是目前世界上现存最大、最有价值的中国古代贸易船，也是现存最古老的船只之一。发现于韩国全罗南道光州市新安郡海域，1976—1984年韩国政府组织了"新安海底遗物发掘调查团"，依托海军进行了10次大规模的探查和打捞。船内发现有墨书"至治三年"（1323）等纪年铭文的小木签，为探讨商船及货物的年代提供了准确可靠的依据，据此确定了沉船及货物的准确下限年代。

根据新安海底遗物发掘调查团提供的报告，共打捞出水中国陶瓷

① 平潭大练岛元代沉船遗址水下考古队：《2007年平潭大练一号元代沉船遗址水下考古发掘收获》，《福建文博》2008年第1期。
② 林国聪：《我国水下考古中所见的龙泉青瓷》，冯小琦主编：《古代外销瓷器研究》，故宫出版社，2013年，第44页。
③ 栗建安：《我国沉船遗址出水的龙泉窑瓷器》，中国古陶瓷学会编：《中国古陶瓷研究：龙泉窑研究》，故宫出版社，2011年，第428—430页。

器17324件，其中龙泉青瓷类超过半数，共计9842件。这批龙泉青瓷数量多、种类齐全且品质较高，是一批可明确断代的遗物标本，因而成为研究14世纪元代龙泉窑瓷器发展的重要历史文物。普遍认为该船是从中国的庆元（元代的宁波）出发前往日本的国际贸易商船。由于船上货物的订货商为日本寺院，因此这批瓷器以供器、陈设器、文房器为主，其中还有不少为国内博物馆罕见的元代龙泉窑精品，文化价值较高。

2. 越南古劳占沉船

1997—1999年，越南历史博物馆、越南Visal公司及马来西亚Saga Horizon公司对位于会安（今属广南省）的古劳占沉船进行了考古发掘，收集到实物数量超过24万件，船上的瓷器年代主要为15世纪，虽然出水的中国瓷器数量不多，主要为龙泉窑和景德镇窑产品，是船上水手的日用品，但为同船陶瓷断代提供了可靠的参考标志，器型主要为碗、盘、高足杯、执壶等。其中两件龙泉盘，施青釉，釉层较厚，盘内壁有菊瓣式凹槽，中心印菊花纹，是15世纪龙泉窑青釉盘的典型器物。高足杯为喇叭口，弧腹，竹节形把，杯外壁刻划莲瓣纹，内壁可见螺旋纹。①

3. 菲律宾里纳礁中国沉船

1997年在菲律宾巴拉望岛东北被发现，沉船虽已被盗捞，但仍随船体残骸出水了3000余件文物，为研究明中期中国和东南亚的海上贸易提供了宝贵资料。出水瓷器以中国青花瓷为大宗，另有龙泉青瓷、广东青瓷，及越南青花、泰国青瓷等，其中青花瓷的时代风格明确，是明代中期的景德镇窑产品，因此推断这是一艘明代中期的沉船。②

从里纳沉船打捞出水的较为完整的龙泉青瓷有37件。有敞口盘、折沿盘、直口杯、菱口折腰杯、莲瓣碗和小罐等。多数器物胎体较厚，盘的底部尤其厚重，纹饰以刻划和模印为主。菱口盘、碟的口沿较为圆顿，花口也不太规则，其口沿常划三道菱花形曲线。各类盘、碟中心也常以曲线三道划菱形开光，开光内模印或刻划牡丹、钱纹等。③尤其值得关注的是一件"顾氏"铭花口碟。"顾氏"铭的碗、盘在龙泉大窑枫洞岩窑址明代中期的地层中也有出土，可认为这类"顾氏"款瓷器是顾仕成的窑厂所制，属于明代中期龙泉窑产品。

① ［越南］阮庭战：《越南海域沉船出水的中国古陶瓷》，冯小琦主编：《古代外销瓷器研究》，故宫出版社，2013年，第67页。

② Franck Goddio, *Lost at Sea: The Strange Route of the Lena Shoal Junk*, London: Periplus Publishing, 2002.

③ 陈洁：《明代中期龙泉青瓷外销初探》，中国古陶瓷学会编：《中国古陶瓷研究：龙泉窑研究》，故宫出版社，2011年，第155页。

三、总结

海外各处具有连续时代堆积的遗址考古发掘资料，加上共时性较强的沉船及水下调查打捞出水的实物，与国内古遗址考古出土的同类型器物比对，能够较为直观地展现龙泉窑瓷器生产和外销的主要风貌和时代特点。

北宋时期龙泉窑处于初具规模的烧造阶段，产品开始销往海外，但数量极少，种类单一。南宋早期是龙泉窑发展的重要阶段，外销数量开始增多，但外销的产品种类与内销的产品基本没有区别。从元代开始，产品大量地输出海外，深入世界各地人们的生活、文化、宗教等各个领域，产生了物质和文化层面广泛的影响，反过来又影响了专为外销而生产的器型种类和装饰纹样。

将沉船出水和沿海遗址出土的中国瓷器相结合还发现，输出不同区域的产品类别、数量和品质略有不同。例如，从元代到明代早期销往环印度洋地区的瓷器，与东南亚地区不同，东南亚主要是龙泉窑与福建地区品质较粗的产品组合，而印度洋地区则以龙泉窑与景德镇窑瓷器的组合为主。从统计数据看，元代至明初龙泉窑产品在外销产品中所占的比例超过半数，其中在环印度洋地区的遗址中一般达到80—90%，东南亚和东亚地区一般占比在50—60%。[1]

明代龙泉窑产品仍持续外销。明代早期在海禁政策影响下，瓷器的对外销售没有元代活跃，但龙泉窑的生产因宫廷的重视和郑和下西洋等因素，生产一度兴盛。明代中期，朝贡贸易的实行和景德镇地区大量生产的青花瓷造成了龙泉窑瓷器对外销售量的明显减少，但龙泉瓷器在外销产品中仍占据一定份额。[2]直到16世纪初，在多重因素影响下，才被景德镇青花瓷完全取代。

龙泉窑产品的外销与其窑业生产、运输线路发展、国际跨洋间的沟通交流等发展同步，在11—15世纪的数百年间，龙泉窑瓷器从山间曲流走向大洋彼岸，深深影响了亚非欧多个国家和地区的瓷器烧造工艺及文化生活，在世界陶瓷贸易史及早期贸易全球化的进程中扮演了重要的角色。

① 刘岩、秦大树、齐里亚马·赫曼：《肯尼亚滨海省格迪古城遗址出土中国瓷器》，《文物》2012年第11期。

② 陈洁：《明代中期龙泉青瓷外销初探》，中国古陶瓷学会编：《中国古陶瓷研究：龙泉窑研究》，故宫出版社，2011年，第155页。

浅析南宋龙泉青瓷的美学特征及成因

◎ 刘　斌

作为中国古代烧造时间最长的一个窑系①，南宋时烧制的龙泉青瓷无论是在造型、釉色上所体现的形式美，抑或是在审美情趣上所体现的意蕴美，堪称巅峰之作。高濂《遵生八笺》曾言："古宋龙泉窑器，土细质薄，色甚葱翠，妙者与官窑争艳。"②逮至明末，龙泉青瓷渐趋衰落。明万历、天启年间的博物学家谢肇淛在其《五杂组》中载："今龙泉窑，世不复重；惟饶州景德镇所造，遍行天下。"③清代蓝浦《景德镇陶录》卷七《古窑考》亦载："处窑，浙之处州府，自明初移龙泉窑于此烧造，至今遂呼处器。土粗垩，火候汁水皆不得法，或犹有以龙泉称者，要非古章窑比也。"④因此，可以说南宋龙泉青瓷的审美代表了龙泉青瓷审美的最高峰。故本文所述之龙泉青瓷的美学特征主要以南宋时期的龙泉青瓷为例。

一、龙泉青瓷的实用之美

作为工艺美术范畴的陶瓷，实用美是基础。正如日本著名工艺美术家柳宗悦所言："工艺应是有助于人类生活、服务于人类实用需要的产物，并竭尽全力地将它制作得更完美、更富有人情味。为了实用而创造，为了实用而服务，这是工艺之根本。因此，工艺之美就是实用之美。"⑤龙泉青瓷亦不例外。迄今发掘的上百处两宋时期龙泉窑址表明，"常见的产品有碗、盘、钵、盆、罐、瓶和执壶等，多数为饮食器皿，造型古朴大方，属于价廉实用的大众产品"⑥。其主要目的是为了满足人们日常生活的需求而产生的，并根据人们的生活习惯

① 关于龙泉窑烧造的上下限问题主要有三种观点：第一种是冯先铭在《中国陶瓷》中所说的创烧于北宋，明中期以后走向衰落，烧瓷历史六七百年；第二种是陈万里为代表的创烧于五代，明以后衰落，烧瓷历史约700年；第三种是朱伯谦为代表的创烧于三国两晋，结束于清代，烧瓷历史1600年。但无论哪种观点，都认为南宋是龙泉青瓷的鼎盛或者说是成熟阶段。
② （明）高濂著，王大淳点校：《遵生八笺·燕闲清赏笺》，浙江古籍出版社，2017年，第588页。
③ （明）谢肇淛：《五杂组》卷十二，载熊寥、熊微编注：《中国陶瓷古籍集成》，上海文化出版社，2006年，第190页。
④ （清）蓝浦：《景德镇陶录》，载熊寥、熊微编注：《中国陶瓷古籍集成》，上海文化出版社，2006年，第540页。
⑤ ［日］柳宗悦著，徐艺乙主编：《民艺论》，江西美术出版社，2002年，第180页。
⑥ 浙江省轻工业厅编：《龙泉青瓷研究》，文物出版社，1989年，第6—8页。

等的改变而不断变化。当然龙泉青瓷中也有以陈设瓶、瓷塑等为代表的陈设工艺类瓷，以及以琮式瓶、多管瓶和各种炉、熏、尊等宗教、祭祀用瓷为主的宗教工艺类瓷。这两者虽在日常生活之用中不常见，但也是为了满足人们审美或宗教活动之用而产生的。故而实用是龙泉青瓷的基础和本质。

南宋时期，龙泉青瓷的品种已十分丰富，涵盖了人们生活的各个方面，包括碗、盘、碟、洗、盏、瓶、壶、罐、钵、尊、盆、奁、炉、渣斗、瓷塑等，从食具、储存用具、文房用具等各种生活用具，到装饰摆设的陈设具、陪葬的冥器、供香的供器，再到瓷塑玩具类，已深入人们生活的方方面面，成为人们生活不可或缺的角色。仅以南宋龙泉青瓷中最常见的碗和笔洗为例，"人类拿碗的动作，要求碗的高度不能超过拇指和其余几指所能钳住的尺寸。我们从彩陶中的'碗'为依据，它的高和口径的尺寸大致为7.8：16.8：5.4（厘米）；唐代的碗其尺寸在5.8：14：5.1（厘米）；宋代的碗大致为7：16：6（厘米）……碗的口径与高度比例约为2：1，这个基本尺寸是适用于手所使用的。"①而笔洗绝大多数为宽沿，口平折外侈，如广州博物馆藏的南宋龙泉窑青釉莲瓣纹贴双鱼洗（见P36图32），此洗折沿、敞口、弧腹，下收圈足，外壁作凸棱形莲瓣纹一周，内底印首尾相对的双鱼纹，双鱼纹洗作为龙泉窑的典型产品，盛行于南宋，其后亦有烧造。从功能角度而言，其可在洗笔时有效防止水外溅桌面，并在注重生活美学的晚明文人眼中成为文房佳品。据明文震亨《长物志》载："笔洗陶者有官、哥窑葵花洗、磬口洗、四卷荷叶洗、卷口蔗段洗；龙泉有双鱼洗、葵花洗、百折洗……俱可用。"②而且，随着两宋时期高脚家具的普及，龙泉青瓷中的文房用具和陈设类用瓷俱偏小巧精致。这些无不体现着龙泉青瓷的实用之美。

另外，其他细节部位的变化也使南宋龙泉青瓷更加实用。例如，由于技术和工艺的改进，南宋中后期的龙泉青瓷改变了之前圈足和外底均不上釉的做法，外底开始上釉，使烧制出的瓷器更方便清洗，这一变化也为后来的龙泉青瓷所继承。

因为实用，所以龙泉青瓷具有十分明显的民族性、地域性和时代性。元代，龙泉青瓷为了适应马上民族入主中原而生产了大量的高足

① 杭间：《人的生物性与工艺》，《工艺美术参考》1988年第2期。

② （明）文震亨撰，汪有源、胡天寿译注：《长物志》，重庆出版社，2010年，第112页。

杯；五管瓶和龙虎瓶，从现有的考古资料来看，仅是流行于浙江南部和福建北部地区的丧葬冥器，具有强烈的地域色彩；元明两代与西亚、中东地区的交往更为频繁，因而龙泉青瓷中出现了许多仿烧阿拉伯器型的花浇、水注、大盘、大扁壶、折沿盆等，更多的是结合外域的生活习俗而烧造的，反映出中外文化的交流与融合。

二、龙泉青瓷的形式之美

形式美是指生活、自然中的各种形式因素（色彩、线条、形体、声音等）的有规律的组合。美的形式与美的内容是相统一的，美的形式不能脱离美的内容。龙泉青瓷之所以深受人们的青睐，也与它的最为直观的形式美是分不开的。龙泉青瓷造型优雅大方，清净纯粹；釉色莹润如玉，温柔敦厚，委婉含蓄；装饰简洁精致，形成一种高雅脱俗的气质，"体现了青瓷所达到的最高审美境界"[①]。

（一）简练优雅的造型美

南宋时期龙泉地区的制瓷工匠凭借其高超精湛的工艺水平，为龙泉青瓷造型美的塑造带来无限生机，有的甚至借用巧妙的形态来提升扩展器物的功能。这一时期，龙泉青瓷在借鉴和模仿的基础上，创造了别具风格的造型形态美。如贺夏在《南宋龙泉青瓷的造型和纹饰艺术》一文中指出："从造型来看，南宋龙泉青瓷大致可以概括为三种情况：第一种是从传统中延续下来，并加以发展的；第二种是形制上的仿古器物；第三种是南宋龙泉青瓷在原有的基础之上发展创造的一些新造型。"[②]此外，还有对其他窑系陶瓷的模仿和器物的借鉴。在此基础上，南宋龙泉青瓷的造型得到了丰富。

以广州博物馆藏明代龙泉窑青釉觚为例（见P204图194），该器喇叭型口，扁鼓形腹，圈足外撇，通体施青釉，青翠匀净。觚是仿商周时期青铜器的形制，南宋龙泉窑即已烧制，造型古朴高雅，线条简练耐看，体现了宋明理学思潮影响下"合于天造、厌于人意"的审美情趣。此外，龙泉青瓷其他造型的器物不论是碗、杯、碟、盘等圆器，还是瓶、洗、瓷塑等琢器，其线条均富于柔和的弧度，而不挺直生硬，特别是以各种炉类为代表的琢器喜用横向的线条装饰，这是因

① 叶英挺：《青瓷风骨》，浙江大学出版社，2006年，第61页。
② 贺夏：《南宋龙泉青瓷的造型和纹饰艺术》，《中国陶艺家》2006年第3期。

为"凡是明显横向的线条（例如水平线）往往令人产生安宁、平和与静适的反应……圆形线或者弧形线令人有圆满或者完美的反应，它是柔和的、肉感的和松软的，不同线条类型的配合和混用还会使情感的表达显得更加委婉和富有变化"①。

宋代受当时文人士大夫阶层对文化艺术的思想观念的影响，宋代程朱理学的兴起和流行，形成了龙泉青瓷造型简洁、优美的风格特征，体现出"绚烂之极归于平淡"的审美理念。尤其是南宋龙泉器皿"造型简洁、优美，为我们创造了一种卓越的美的工艺形象。器皿的恰当比例和尺度，使人感到减一分则短，增一分则长，达到十分完美的地步。这是宋代陶瓷所以在千百年来，为人们所欣赏的原因"②。其后，龙泉青瓷历经元明清发展，造型虽在继承基础上不断融合创新，但"宁古无时，宁朴无巧，宁俭无俗"的造物理念始终贯穿龙泉窑造型艺术的始终。

（二）莹润柔和的釉色美

釉是施于陶瓷胚体表面的一层玻璃质层，它是人们亲近陶瓷最能直观感受的要素之一。优美的釉色与形态相得益彰，能使观者获得良好的视觉感受。南宋龙泉窑高超的烧制技术使青瓷的釉色超凡脱俗，具有特殊的审美特征。

色彩有三个主要因素：色相、饱和度和明度。色相，即各类色彩的相貌称谓，如大红、普蓝、柠檬黄等。色相是色彩的首要特征，是区别各种不同色彩的最准确的标准。饱和度指颜色的纯洁性。明度，也称亮度，是指色彩的明暗程度。这三个要素的结合可以表现出丰富多彩的颜色。青涵盖的色谱范围极广，许之衡在其《饮流斋说瓷》中就将青（附蓝绿）概括出"天青、东青、豆青、梨青、蛋青、蟹甲青、虾青、影青、瓜皮绿、果绿、菠菜绿、孔雀绿、葡萄水、西湖水"③等多种颜色。由于色相、明度、饱和度的微妙差别，龙泉青瓷的釉色是丰富多彩的，主要有粉青、梅子青、豆青、青灰、青绿、青黄等色，其中又以粉青、梅子青为最。滋润的粉青酷似美玉，晶莹的梅子青宛如翡翠。梅子青具有与汝窑类似的美感，釉质浑厚，色如翡翠，釉层略带透明，釉面光泽照人，器如梅子初生，秀色可餐。粉青

① 丁宁：《论艺术的形式心理》，《文艺争鸣》1991年第5期。
② 田自秉：《中国工艺美术史》，东方出版中心，2006年，第80页。
③ 许之衡著，杜斌编著：《饮流斋说瓷》，中华书局，2012年，第93—94页。

釉釉层肥厚，釉面略带乳浊呈失透状，釉色青绿粉润，釉表面光泽柔和，有如青玉。明代的文人即对龙泉的粉青赞叹不已。高濂《遵生八笺》载："色取粉青为上，淡白次之，油灰色，色之下也。"又屠隆《文房器具笺》亦载："陶者有官、哥、元洗、葵花洗、磬口元肚洗、四卷荷叶洗、卷口蔗段洗、绦环洗、长方洗，但以粉青纹片朗者为贵。"如广州博物馆所藏南宋龙泉窑粉青釉碗（见P13图10）、元龙泉窑粉青釉小水盂（见P78图73）、明龙泉窑梅子青釉刻菊瓣纹碟（见P110图102），皆釉面莹润光亮，具有饱满柔和的质感美。

在中国古代，无论何种人为创造的艺术，只要是达到了"自然"，便被看作是达到了最高境界。宗白华说过："中国美学史上有两种不同的美感或美学思想，一是'芙蓉出水'的美，一是'错彩镂金'的美。"[1]而龙泉青瓷青翠淡雅、温润如玉的釉色"如蔚蓝落日之天，远山晚翠"，又"若雨后青梅，流酸泛青"，达到了"可意会不可言传"的釉色艺术，虽淡雅却不枯淡，其釉色美可视为"芙蓉出水"之自然美的典型代表，其背后反映的是中国古代"天人合一"哲学思想的影响。

三、龙泉青瓷的意蕴之美

意蕴美是指艺术作品中渗透出来的内涵，是艺术品质和境界的体现，意蕴美不仅追求器物的"形"，更关注"形外之象"。意蕴美是通过有限外观形态韵味从而感受到无限主观感情，使作品散发出具有神韵、耐人寻味的美。南宋龙泉青瓷造型与釉色不仅具有外在的形式美，而且富有深厚的内在意蕴美。

首先，龙泉青瓷具有象征的意蕴美。在龙泉青瓷中，常常采用一些具有象征意味的形态对器物进行装饰。龙泉青瓷的象征符号有动物形态的如龙、凤、虎等，植物形态的莲瓣、菊瓣等，还有一些如意、八卦纹等。这些形态本身并不仅仅是单纯充当一个装饰元素，而都意味着吉祥的意蕴，表达了我国先民们追求美好生活的观念。南宋龙泉青瓷中盛行龙虎纹样的装饰，这与龙泉青瓷核心产地浙江龙泉、庆元一带道教盛行密切相关。《性命圭旨》称："龙从火里出，虎向水中生，龙虎相亲，坎离交济。"用龙虎瓶随葬，祈祷灵魂安宁升天，护

① 宗白华：《美学散步》，上海人民出版社，1981年，第34页。

佑子孙风调雨顺、长命富贵。故在浙江以及邻近的福建地区的宋墓中多有出土。此外，虽然龙泉青瓷中纹样装饰不多，但莲瓣纹却在各种器物装饰上十分常见，从宋至明盛行不辍，莲瓣纹一般视作佛教的象征符号，在中国传统文化中寓意高洁。这是意蕴美的生动体现。

其次，龙泉青瓷具有儒家"尚玉"的意蕴美。中国儒家向来有君子比德于玉的思想，并赋予玉"仁、知、义、礼、乐、忠、信、天、地、德、道等'十一'德"。宗白华也曾说："中国向来把'玉'作为美的理学。玉的美，即'绚烂之极归于平淡'的美。可以说，一切艺术的美，以至于人格的美，都趋向玉的美：内部有光彩，但是含蓄的光彩，这种光彩是极绚烂，又极平淡。"[①]南宋时成功烧制的梅子青和粉青就堪比美玉，梅子青釉色丰盈滋润，既像雨水淋过的青梅，又仿佛蓝天映照下的湖水，色调可与翡翠媲美；粉青釉光泽淡雅柔和，可与碧玉媲美。精美的龙泉青瓷即是文人雅士将其比德尚玉、以天人合一的内涵视为自身生活的美学追求，同时将其以圆满中和的形象视为自身的精神追求的一种体现。

概言之，龙泉青瓷因其简练的造型、独特的釉色广受世人追捧，其色彩含蓄淡雅、温润如玉，文人雅士将其比德尚玉、以天人合一的内涵视为自身生活的美学追求，同时将其以圆满中和的形象视为自身的精神追求，龙泉青瓷已然成为中华文明中的代表性符号，拥有独特的文化内涵和审美。

四、龙泉青瓷的美学成因

（一）经济的发展和工艺技术的改进

随着宋代经济的发展和城市人口的增加，社会上出现竞相收藏名人字画、精美瓷器之风尚。为适应和迎合当时以"尚韵"为美的审美需求，各地瓷窑竞相模仿、创新，以致新的釉色、造型和装饰手法层出不穷。龙泉窑在这一大环境下，通过对坯料、釉料及烧造工艺的变革，烧出著名的粉青釉和梅子青釉两大品种，形成含蓄典雅、端庄隽永的艺术风格。龙泉青瓷这种能媲美翡翠的审美特征和素雅简练的造型，正符合宋代文人士大夫温文尔雅、沉稳内敛的心理需求，所以大受有闲阶层的欢迎和厚爱，龙泉窑也迎来历史发展的巅峰时期。

① 宗白华：《美学散步》，上海人民出版社，1981年，第34页。

为了使青瓷呈现如玉一样的效果，龙泉的匠师们在青釉配置方面做了大量的探索。从南宋开始，他们用石灰碱釉代替早期使用的高温下黏度小、易流动的石灰釉和钙釉。石灰碱釉耐高温，不宜流淌，便于多次施釉，达到厚釉的效果，这在玉质瓷釉的探索上迈出了里程碑式的一步。

此外，龙泉青瓷的釉色与众不同，在于它有着独特的配制技术。采用石灰石、瓷土、紫金土、植物灰和石英作为主要原料，经过焙烧、粉碎、淘洗后按一定比例调制成釉浆。龙泉青瓷有着薄胎厚釉的效果，采用多次施釉的方法，将胚体晾干后，素烧一次，素烧后的胚体在上釉过程中不容易损坏，便于多次施釉。素烧后的青瓷再次施釉晾干，如此反复多次，即可达到薄胎厚釉、温润如玉的艺术效果。

可以说，宋代经济的发展和技术及材料的改进，使得宋代陶瓷的成就斐然，如哥窑中的"开片"、钧窑中的"窑变"、景德镇窑中的"影青"等，都体现了独具特色的材质美和技术美，当然，龙泉青瓷形式美的呈现离不开这一物质基础的支撑。

（二）传统的文化心理和上层社会的喜好

龙泉青瓷的精美绝伦，不仅体现出制瓷工艺技术的高超，而且体现出特有的审美情趣和艺术风格。它既反映着当时物质发展的程度，也反映着当时社会心理和精神风貌。

一方面，中国人尚青，青色即大自然的湖光山色，合乎道家"取法自然"的文化内涵。而在儒家文化中，又素有"比德尚玉"的情结，玉被赋予美誉，它们共同在龙泉青瓷烧制粉青、梅子青等釉色的发展中起到至关重要的作用。《考工记》曰："设色之工五，首列画缋之事。……而陶器以青为贵，五彩次之。……晋曰：缥瓷。唐曰：千峰翠色。柴周曰：雨过天青。吴越曰：秘色。其后宋瓷虽俱诸色，而汝器宋烧者，淡青色。官窑以粉青为上。哥窑、龙泉窑其色皆青。"[1]

另一方面，宋代皇室和文人阶层的推动至关重要。古语云："上有所好，下必甚焉。"首先，皇室尚古崇俭，南宋周辉《清波杂志》记载宋朝祖宗家法"尚礼、宽仁、虚己纳谏以及不尚玩好，不用玉

① 熊寥、熊微编注：《中国陶瓷古籍集成》，上海文化出版社，2006年，第147—148页。

器"①，所以宋廷推崇不尚奢华、不好奇巧、不贵金玉，以极简主义为审美风尚，因而造就宋代陶瓷朴实无华、优雅端庄的独特气质。其次，宋朝历代君王酷爱绘画艺术，宋徽宗赵佶、宋高宗赵构都是艺术家。他们对陶瓷的热爱也是空前的。皇家还专门设有存放瓷器珍品的瓷器库房。皇帝的个人爱好和艺术品位，也影响到瓷器的美感特色。宋徽宗崇尚道家自然、含蓄、质朴的审美观，青色的幽玄、静谧与这一审美情趣正适宜。再次，受理学思想和禅宗影响颇深的宋代文人阶层的审美趣味和人生情趣追求亦以"平淡"为美，提倡温厚、笃实、含蓄，反对谲诡、奇峻和张扬，崇尚典雅、平易、清淡、含蓄的艺术风格。这在宋代陶瓷的造型和釉色纹饰中有突出的体现，龙泉青瓷当然也不例外，而且创烧于宋代并为后世所广泛称颂的五大名窑'汝官哥钧定'，除定窑外，均为青色系瓷器，由此可见一斑。

（三）理学的推动

杭间在论述宋朝理学对宋代工艺美学的影响时说："理学体现在其美学趣味上，是保守的、理性的、喜好谨严、笃实、温润含蓄的风格上，所谓的以玉比德，就是理学的标准审美之一"，而且"终宋一代，它所提倡的温柔、笃实、含蓄的风格始终成为文艺趣味的最大约束，体现在工艺美术上，使得宋代工艺的造型和装饰都显得较为平实。因此，宋代工艺的一个最大特点是多实用之器"。②

理学的审美趣味深深影响了南宋龙泉青瓷的审美风格。其简洁的造型，精简的装饰，温润柔和的釉色，清淡、自然、含蓄的美学特征正是理学美学最为直观的体现。在制器上，南宋龙泉青瓷一直遵循"形而上谓之道，形而下谓之器"的美学思想，对造型的处理极为平实，几乎很少多余装饰，造型内敛含蓄；在釉色的处理上，一直追求自然柔和的效果。在文与道的张力中，强调道的一面，因此必然要求从思想上、形式上都回到经典的形式。这种崇古的思想影响了南宋龙泉青瓷，使其出现了大量的仿古器物，特别是仿三代青铜器造型，并且成为这一时期造型的一个显著特征。

此外，禅宗思想对龙泉青瓷审美特征的形成亦有相当影响。禅宗是佛教与中国传统儒道思想相结合的产物，是中国化的佛教思想，它

①（南宋）周辉：《清波杂志》卷一，《钦定四库全书·子部·小说家类》，浙江大学图书馆影印版。
② 杭间：《中国工艺美术思想史》，北岳文艺出版社，1994年，第126—127页。

兴于唐、盛于宋。禅宗对宋代文人的行为方式、艺术思想产生了深远的影响。禅宗"顿悟成佛""境由心生"的禅意思想，深入影响到宋代文人的心灵深处，不但影响到他们的生活态度，更影响到他们的意趣爱好和审美情趣，从而逐渐建立起简约、淡雅的审美观。以粉青、梅子青为贵的龙泉青瓷，色泽柔和、清澈透明，给人以宁静、悠闲、舒适的心理感受，这正与禅家"空灵""虚静"的审美境界相契合，是禅宗所提倡和追求的心境。中国美术学院陈淞贤曾说："龙泉青瓷是一门'禅'的艺术，它的审美移情，并不完全依赖于视觉，而更多的依靠心觉，甚至是听觉、触觉，它主要通过'心悟'进入审美境界，因此，它排斥一切有损于成色的人为加工。"①的确，许多龙泉青瓷常素面无纹，价值却像玉器一样，只在于其形制、颜色，以及那种圆润的触觉，看似普通的生活器物，却带有深刻的精神内涵与艺术韵味，一定程度上满足了文人进入禅道的境界，是其理想的化身。

五、结语

人类的认识总是在不断进步、更新的，人们的审美标准也在不断变化。但传统文化是一个民族的根，是一个民族的精神家园。随着物质生活的日益丰富，中国社会"日常生活审美化"和"审美日常生活化"的现象渐趋流行。而龙泉青瓷所蕴含的如冰似玉、隽永、空灵的文化内涵，散发着的温文尔雅、超凡脱俗的艺术气质，值得我们从中汲取灵感并融入现代人的生活之中。

① 张建平：《书韵青瓷》，中国美术学院出版社，2009年，第10页。

明代龙泉窑大盘及青花高足杯上的梵文

◎ 陈鸿钧

广州博物馆镇海楼"广州历史陈列"展厅陈设有一件明代龙泉窑大盘，口径40厘米、底径23厘米、高7.5厘米。瓷胎白细，口沿外撇，内底微隆，盘心刻一梵文，外饰两圈刻划弦纹；斜腹折腰，浅圈足，底亦微隆。通体施梅子青釉，釉底较厚，釉色肥润均匀，青中泛灰白，有一定的透明度和光泽度，是一件高质量的明代龙泉瓷器。（见P142图133）

该盘心刻有一""梵文，初不识其意，持教于修佛之人，方知此""梵文乃藏传佛教"六字大明咒"中的"吽（hong）"字。其中上方的圆点和月牙称作"明点"。

六字大明咒，又称六字真言，梵语，汉语音译为"唵（an）、嘛（ma）、呢（ni）、叭（ba）、咪（mi）、吽（hong）"，属观音咒，是藏传佛教中最尊崇的一句咒语，咏颂时配以手印，常令人感到神秘和震撼。

明代时，经藏僧传授，有许多汉地信众学习大明咒，如《明书·哈立麻传》有这样一则记载："（明成祖）尝遣使往乌思藏，征尚师哈立麻等来京，召至华盖殿宴之。自是屡著灵异，谓之神通。（哈立麻）教人念'唵嘛呢叭咪吽'，信者昼夜念之。惟翰林侍读李继鼎私曰：'若彼既有神通，当（通）中国语，何为待译者而后知？且其所谓'唵嘛呢叭咪吽'者，乃云'俺把你哄'也，人之不悟耳。'识者服其义。"可见明代在皇帝的带动下国内曾经出现过狂热诵习大明咒的风气，以至于有高官士大夫看不过去，竟不怕得罪皇帝，在私下对这股风气进行冷嘲热讽。

以此推测，当时烧制该种梵文大盘时应为六件一套，分别饰以"唵""嘛""呢""叭""咪""吽"六字，用作佛寺法物供奉庙堂或私家坛城亦有其可能。

从字面上解释，六字真言是"如意宝啊，莲花呦！"这一感叹语句。据说是佛教秘密莲花部之"根本真言"。它包含佛部心、宝部心、莲花部心及金刚部心等内容。具体解释是：

"唵"，表示"佛部心"，谓念此字时，自己的身体要应于佛身，口要应于佛口，意要应于佛意，认为身、口、意与佛成一体，才能获得成就。

"嘛呢"，梵文意为"如意宝"，表示"宝部心"，据说此宝出白龙王脑中，若得此宝珠，入海能无宝不聚，上山能无珍不得，故又名"聚宝"。

"叭咪"，梵文意为"莲花"，表示"莲花部心"，以此比喻法性如莲花一样纯洁无瑕。

"吽"，表示"金刚部心"，祈愿成就的意思，即必须依赖佛的力量，才能得到"正觉"，成就一切，普度众生，最后达到成佛的愿望。持诵"吽"时，能减退地狱的众生之苦；生于地狱的众生，因其极重恶业力因感召地狱中之种种痛苦，如幻见烈火焚身、寒冰刺骨、山崩地裂、种种鬼差迫害等，痛苦莫名，不能得脱。故此在诵至咒中"吽"字时，修行人想及地狱众生之苦而把功德回向愿其离苦得乐。

藏传佛教将这六字视为一切根源，主张信徒要循环往复吟诵，才能积功累德，功德圆满，方得解脱。藏学家们认为六字真言的意译为："啊！愿我功德圆满，与佛融合。"有的藏医学著作认为六字真言的诗意解释是："好哇！莲花湖的珍宝！"

其实，上述解释还不是那么地道，毕竟佛意是不易或不能用文字或语言来表述的，只能靠心灵修悟而得。所以大家熟悉的唐代高僧玄奘在总结了多年的翻译佛经的经验之后，建立了"五不翻"原则，其中的咒语（即玄奘所谓"秘语"）即在不翻之列。玄奘说的"不翻"并不是不翻译，而是不意译，要音译，其初是为了指导译坛众多佛教学者集体译经，后来直成为译经的规范。

广州博物馆还藏有一件明代青花梵文高足杯（图1、2），小巧精致，杯心及外壁手书梵文六个，当为六字大明咒。

图1　明代龙泉窑青花梵文高足杯　　图2　明代龙泉窑青花梵文高足杯

以上两件梵文瓷器一定程度上反映了明代社会修佛习俗。除观音大明咒外，流行讽诵"准提咒"，即九字准提咒，读音"唵折隶主隶准提娑婆诃"。其中"娑婆"两个音节合在一起相当于一个梵字，全句梵汉各有九个字。

大明咒与准提咒，一个有六个梵文字，一个有九个梵文字。它们在瓷器上书写，而且都很相似，在民间经常被混淆，既然观音菩萨是女身，准提菩萨也是女身，都是以慈悲为怀功德无量。所以民间许多信众往往将准提菩萨与观音菩萨相提并论，甚至认为准提菩萨就是观音菩萨，只是典籍上的说法有所不同而已。既然大明咒与准提咒都是求观音保佑的咒语，功用相当，那就没有必要区分得太清楚。

参考文献

古籍

（汉）刘熙：《释名》，景明翻宋书棚本，张元济等辑：《四部丛刊》，中央编译出版社，2015年。

（北宋）庄绰：《鸡肋编》，《景印文渊阁四库全书》，台湾商务印书馆，1986年。

（南宋）周辉：《清波杂志》，《钦定四库全书·子部·小说家类》，浙江大学图书馆影印版。

（宋）蔡絛撰，冯惠民、沈锡麟点校：《铁围山丛谈》，中华书局，1983年。

（宋）孟元老撰，伊永文笺注：《东京梦华录笺注》，中华书局，2006年。

（明）高濂著，王大淳点校：《遵生八笺·燕闲清赏笺》，浙江古籍出版社，2017年。

（明）文震亨撰，汪有源、胡天寿译注：《长物志》，重庆出版社，2010年。

（明）谢肇淛：《五杂俎》，载熊寥、熊微编注：《中国陶瓷古籍集成》，上海文化出版社，2006年。

（清）蓝浦：《景德镇陶录》，载熊寥、熊微编注：《中国陶瓷古籍集成》，上海文化出版社，2006年。

著作

宗白华：《美学散步》，上海人民出版社，1981年。

杭间：《中国工艺美术思想史》，北岳文艺出版社，1994年。

浙江省文物局编：《中国龙泉青瓷》，浙江摄影出版社，1998年。

冯先铭主编：《中国古陶瓷图典》，文物出版社，1998年。

朱伯谦主编：《龙泉窑青瓷》，台湾艺术家出版社，1998年。

李柏霖：《鉴识龙泉瓷》，福建美术出版社，2001年。

任世龙、汤苏婴：《龙泉窑瓷鉴定与鉴赏》，江西美术出版社，2004年。

中国硅酸盐学会主编：《中国陶瓷史》，文物出版社，2004年。

浙江省文物考古研究所编：《龙泉东区窑址发掘报告》，文物出版社，2005年。

叶英挺：《梅子初青：龙泉窑青瓷图集》，西泠印社，2005年。

叶英挺：《青瓷风骨》，浙江大学出版社，2006年。

田自秉：《中国工艺美术史》，东方出版中心，2006年。

张建平：《书韵青瓷》，中国美术学院出版社，2009年。

叶喆民：《中国陶瓷史》，生活·读书·新知三联书店，2011年。

许之衡著，杜斌编著：《饮流斋说瓷》，中华书局，2012年。

马骋、杨寒桥：《龙泉窑》，上海大学出版社，2012年。

牟宝蕾：《龙泉窑通鉴》，浙江人民美术出版社，2017年。

浙江省文物考古研究所、龙泉青瓷博物馆编著：《龙泉金村窑址群：2013～2014年调查试掘报告》，文物出版社，2019年。

［日］三上次男：《陶瓷之路》，文物出版社，1984年。

［日］柳宗悦著，徐艺乙主编：《民艺论》，江西美术出版社，2002年。

Franck Goddio, *Lost at Sea: The Strange Route of the Lena Shoal Junk*, London: Periplus Publishing, 2002.

J. Middleton, *African Merchants of the Indian Ocean: Swahili of the East African Coast*, Long Grove: Waveland Press, 2004.

Ross E. Dunn, *The Adventures of Ibn Battuta*, California: University of California Press, 2005.

Sila Tripati, *An Overview of Shipwreck Explorations in Indian Waters, Shipwrecks around the World: Revelations of the Past*, New Delhi：Delta Book World, 2015.

论文

曾广忆：《广东惠阳白马山古瓷窑调查记》，《考古》1962年第8期。

浙江省文物考古研究所：《山头窑与大白案》，《浙江省文物考古所学刊》，文物出版社，1981年。

杨后礼：《江西永新发现元代窖藏瓷器》，《文物》1983年第4期。

周丽丽：《略述元代龙泉窑瓷器的装饰技法》，《陶瓷研究》1986年第3期。

张北超：《湖南桃江发现龙泉窑瓷器窖藏》，《文物》1987年第9期。

杭间：《人的生物性与工艺》，《工艺美术参考》1988年第2期。

桑坚信：《杭州市发现的元代瓷器窖藏》，《文物》1989年第11期。

丁宁：《论艺术的形式心理》，《文艺争鸣》1991年第5期。

李政道：《艺术和科学》，《文艺研究》1998年第2期。

邹翠梅、曹敬庄、潘秋扬：《湖南攸县出土龙泉青瓷》，《湖南考古辑刊》1999年。

叶英挺：《龙泉窑发展史上的三次辉煌期》，《收藏界》2001年第8期。

王德恒：《2003年全国十大考古新发现之五——集宁路的元代瓷器大发现》，《知识就是力量》2004年第11期。

贺夏：《南宋龙泉青瓷的造型和纹饰艺术》，《中国陶艺家》2006年第3期。

平潭大练岛元代沉船遗址水下考古队：《2007年平潭大练一号元代沉船遗址水下考古发掘收获》，《福建文博》2008年第1期。

王霞：《元代集宁路古城遗址出土瓷器解读》，《北方文物》2008年第3期。

蔡小辉：《窖藏出土宋元时期龙泉窑青瓷的相关研究》，《东方博物》2010年第2期。

雷国强：《托普卡帕皇宫珍藏龙泉青瓷鉴赏》，《文物鉴定与鉴赏》2011年第9期。

陈洁：《明代中期龙泉青瓷外销初探》，中国古陶瓷学会编：《中国古陶瓷研究：龙泉窑研究》，故宫出版社，2011年。

栗建安：《我国沉船遗址出水的龙泉窑瓷器》，中国古陶瓷学会编：《中国古陶瓷研究：龙泉窑研究》，故宫出版社，2011年。

项坤鹏：《浅析东南亚地区出土（水）的龙泉青瓷——遗址概况、分期及相关问题分析》，《东南文化》2012年第2期。

刘岩、秦大树、齐里亚马·赫曼：《肯尼亚滨海省格迪古城遗址出土中国瓷器》，《文物》2012年第11期。

王承旭：《繁昌元代窖藏瓷器（上）》，《收藏家》2013年第1期。

王承旭：《繁昌元代窖藏瓷器（中）》，《收藏家》2013年第2期。

王承旭：《繁昌元代窖藏瓷器（下）》，《收藏家》2013年第3期。

李大伟：《公元11—13世纪印度洋贸易体系初探》，《历史教学》2013年第2期。

秦大树：《中国古代陶瓷外销的第一个高峰——9—10世纪陶瓷外销的规模和特点》，《故宫博物院院刊》2013年第5期。

申浚：《浅谈西亚与南亚地区发现的元明龙泉窑瓷器》，《故宫博物院院刊》2013年第6期。

林国聪：《我国水下考古中所见的龙泉青瓷》，冯小琦主编：《古代外销瓷器研究》，故宫出版社，2013年。

王楚健：《瓷海钩沉：明清龙泉窑补白》，《美术报》（鉴赏周刊）2014年9月27日。

沈齐梅：《夺千峰翠色——高安元代窖藏龙泉窑大盘赏析》，《东方收藏》2014年第12期。

雷国强、李震：《镶嵌在海陆丝绸之路交汇点上璀璨的龙泉青瓷明珠（上）——土耳其托普卡帕皇宫博物馆珍藏龙泉青瓷精品赏析与研究》，《东方收藏》2015年第6期。

雷国强、李震：《镶嵌在海陆丝绸之路交汇点上璀璨的龙泉青瓷明珠（下）——土耳其托普卡帕皇宫博物馆珍藏龙泉青瓷精品赏析与研究》，《东方收藏》2015年第7期。

刘未：《中国东南沿海及东南亚地区沉船》，《考古与文物》2016年第6期。

申浚：《非洲地区发现的元明龙泉窑瓷器》，《考古与文物》2016年第6期。

何赞：《湖南宁乡冲天湾遗址H29瓷器窖藏坑发掘简报》，《文博》2016年第6期。

陈芳红、郑建明：《从丽水地区纪年墓材料看龙泉窑的兴衰》，《文物天地》2016年第7期。

张师源：《四川金鱼村窖藏宋瓷微探》，《文物鉴定与鉴赏》2017年第7期。

郑建明：《龙泉窑考古十年（2006—2015）》，龙泉青瓷博物馆、龙泉青瓷研究会编著：《青瓷》，西泠印社出版社，2017年。

沈岳明：《龙泉窑黑胎青瓷的考古发现与认识》，故宫博物院编：《哥瓷雅集——故宫博物院珍藏及出土哥窑瓷器荟萃》，故宫出版社，2017年。

郑建明、谢西营、周光贵：《浙江龙泉金村青瓷窑址调查简报》，《文物》2018年第5期。

李强：《广州惠福西路南粤先贤馆遗址出土的龙泉青瓷研究》，《文物鉴定与鉴赏》2018年第4期（上）。

郑建明：《21世纪以来龙泉窑考古新进展》，《文物天地》2018年第10期。

肖达顺：《广东仿龙泉青瓷窑业产销的初步研究》，《中国港口（博物馆馆刊专辑）》2019年增刊第1期。

白炜：《青翠之间——宋代龙泉窑瓷器风格嬗变》，《紫禁城》2019年第7期。

张涵：《蒙古四大汗国发现的元代龙泉窑瓷器》，《收藏家》2019年第7期。

刘冬媚：《"南海Ⅰ号"船载龙泉窑青瓷探析》，《文物天地》2019年第12期。

张富军：《宋代龙泉窑的釉色及其刻划工艺》，《大众文艺》2019年第20期。

温苇苇：《"南海Ⅰ号"出水龙泉青瓷》，《文物天地》2020年第2期。

周慧雄：《龙泉窑青瓷发展的简述》，《文物鉴定与鉴赏》2020年第2期（上）。

张浦生：《海上丝绸之路中的龙泉青瓷》，《文明》2020年第3期。

翁倩：《21世纪以来仿烧龙泉青瓷窑址考古新进展》，《文物天地》2020年第3期。

李合、侯佳钰：《广东大埔余里窑青瓷的成分特征研究》，《南方文物》2020年第5期。

沈岳明：《从"龙泉天下"到"天下龙泉"——元明时期龙泉窑对外输出方式的变革》，《博物院》2020年第6期。

丁雨：《肯尼亚沿海出土中国陶瓷的初步相关比较研究》，北京大学考古文博学院、北京大学中国考古学研究中心编：《考古学研究（十一）》，科学出版社，2020年。

秦大树：《肯尼亚格迪古城和蒙巴萨沉船出土明清瓷器及相关问题讨论》，北京大学考古文博学院、北京大学中国考古学研究中心编：《考古学研究（十一）》，科学出版社，2020年。

李海霖：《两宋龙泉窑青瓷工艺的嬗变》，《上海工艺美术》2021年第2期。

李海霖：《南宋龙泉窑梅子青釉的工艺与审美》，《流行色》2021年第2期。

中国（海南）南海博物馆：《龙泉青瓷的海上万里航行之路"龙行万里——海上丝绸之路上的龙泉青瓷"展览赏析》，《文化月刊》2021年第2期。

郑建明：《21世纪以来黑胎青瓷窑址考古新进展》，《文物天地》2021年第3期。

张思桐：《宋代龙泉窑青瓷的工艺创新和历史文化价值》，《文物鉴定与鉴赏》2021年第4期（下）。

魏峻：《16—17世纪的瓷器贸易全球化：以沉船资料为中心》，《故宫博物院院刊》2022年第2期。

［法］伊夫·波特著，翟毅译：《十四至十七世纪伊斯兰宫廷的龙泉青瓷器》，《故宫博物院院刊》2021年第9期。

《冲绳石垣岛山原遗迹第二次发掘调查概报》，《青山史学》第6号，1980年。

［日］长谷布乐尔：《日本传世的砧青瓷》，《中国古外销陶瓷研究资料》第一辑，中国古外销陶瓷研究会编印，1981年。

［日］青柳洋治：《东南亚发掘的中国外销瓷器》，《南方文物》2000年第2期。

［日］森达也：《伊朗波斯湾北岸几个海港遗址发现的中国瓷器》，冯小琦主编：《古代外销瓷器研究》，故宫出版社，2013年。

［英］德雷克·康奈特、张然、［英］赛斯·普利斯曼：《近东地区考古遗址发现的龙泉窑瓷器——英国威廉姆森藏品及斯拉夫遗址调查藏品中的龙泉窑青瓷简介》，中国古陶瓷学会编：《中国古陶瓷研究：龙泉窑研究》，故宫出版社，2011年。

［越南］阮庭战：《越南海域沉船出水的中国古陶瓷》，《古代外销瓷器研究》，故宫出版社，2013年。

Alexia Pavan, Chiara Visconti, "Trade and Contacts between Southern Arabia and East Asia: The Evidence from Al-Balid", *Proceedings of the Seminar for Arabian Studies*, Vol. 50, 2020.

Bo Gyllensvärd, "Recent Finds of Chinese Ceramics at Fostat, I", *Bulletin of the Museum of Far Eastern Antiquities*, 1973.

Bo Gyllensvärd, "Recent Finds of Chinese Ceramics at Fostat, II", *Bulletin of the Museum of Far Eastern Antiquities*, 1975.

Gervase Mathew, "Chinese Porcelain in East Africa and on the Coast of South Arabia", *Oriental Art New Series*, Vol. 11, No. 2, 1956.

Olov R. T. Janse, "Notes on Chinese Influences in the Philippines in Pre-Spanish Times", *Harvard Journal of Asiatic Studies*, Vol. 8, No. 1, 1944.

孙雅斐：《北方地区出土龙泉青瓷初步研究》，吉林大学2012年硕士学位论文。

冯泽州：《龙泉窑分期研究》，复旦大学2014年硕士学位论文。

徐婧：《宋元时期闽江流域出土瓷器研究》，吉林大学2018年硕士学位论文。

卢阳：《明龙泉青瓷研究——以窑址之外出土资料为中心》，吉林大学2019年硕士学位论文。

附 录

广州博物馆藏其他龙泉瓷器

青釉洗口瓶　宋代

口径6.2厘米
高15.3厘米
足径5厘米

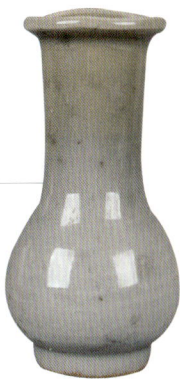

青釉折沿碟　宋代

口径13.9厘米
高3.3厘米
足径5厘米

青釉碟　元代

口径11.8厘米
高3厘米
足径4.5厘米

青釉杯　元代

口径8.2厘米
高4.1厘米
足径4.3厘米

青釉罐　元代

口径4.7厘米
高6.2厘米
足径4.1厘米

青釉罐　元代

口径4.5厘米
高6.7厘米
足径4.5厘米

青釉碟　元代

口径13.4厘米
高2.7厘米
足径6.5厘米

青釉杯　元代

口径8.6厘米
高5.4厘米
足径3.9厘米

青釉菊瓣纹印花折沿大盘 明代

口径32.5厘米
高6.4厘米
足径15.9厘米

青釉印花葵口折沿大盘 明代

口径33厘米
高6.3厘米
足径13.8厘米

青釉划格纹三足炉 明代

口径30.1厘米
高6.3厘米

青釉划花折沿大盘 明代

口径32.2厘米
高8厘米
足径16.5厘米

青釉菊瓣纹划花葵口折沿大盘 明代

口径32.9厘米
高5.5厘米
足径17.5厘米

青釉划花三足炉 明代

口径35.4厘米
高19厘米

青釉划格纹樽式三足炉 明代

口径27.2厘米
高18.5厘米

青釉印花折沿大盘 明代

口径37.5厘米
高8厘米
足径17.5厘米

青釉划格纹三足炉 明代

口径23.5厘米

高12.4厘米

青釉大碗 明代

口径26厘米

高7.7厘米

足径14.3厘米

青釉菊瓣纹印花折沿盘 明代

口径27.8厘米

高5.5厘米

足径12厘米

青釉划花大盘 明代

口径35.5厘米

高6.8厘米

足径20.5厘米

青釉菊瓣纹印花葵口折沿盘 明代

口径28.5厘米

高5.1厘米

足径15厘米

青釉印花葵口折沿盘 明代

口径26.3厘米

高5.5厘米

足径11厘米

青釉菊瓣纹印花大盘 明代

口径31.5厘米

高7.8厘米

足径13.8厘米

青釉印八卦纹三兽足炉 明代

口径34.4厘米

高11厘米

青釉划花大盘 明代

口径39厘米
高8厘米
足径22.5厘米

青釉划花折沿盘 明代

口径21.8厘米
高5厘米
足径7.3厘米

青釉划花折沿盘 明代

口径20.7厘米
高4.1厘米
足径8.3厘米

青釉划格纹瓶 明代

口径4.4厘米
高21厘米
足径6.5厘米

青釉划格纹瓶 明代

口径5.5厘米
高22厘米
足径7厘米

青釉瓶 明代

口径3.8厘米
高16.6厘米
足径5厘米

青釉菊瓣纹印花葵口折沿大盘 明代

口径32厘米
高5.8厘米
足径15.5厘米

青釉菊瓣纹折沿盘 明代

口径28.8厘米
高6.4厘米
足径12厘米

青釉印花葵口折沿盘 明代

口径21厘米
高3.8厘米
足径10.5厘米

青釉印花葵口折沿碟 明代

口径19.8厘米
高3.4厘米
足径11厘米

青釉印花折沿盘 明代

口径24.8厘米
高4.7厘米
足径12.2厘米

青釉刻花花口折沿碟 明代

口径19.8厘米
高3.9厘米
足径9.8厘米

青釉划花双耳瓶 明代

口径9.2厘米
高25.5厘米
足径9.3厘米

青釉印花瓶 明代

口径5.3厘米
高21.5厘米
足径6.5厘米

青釉三足炉 明代

口径13.6厘米
高8厘米

青釉三足炉 明代

口径10.5厘米
高8.2厘米

青釉双铺首耳炉　明代

口径11.5厘米

高6.6厘米

足径7.8厘米

青釉印花碟　明代

口径14.3厘米

高4厘米

足径9.2厘米

青釉划菊瓣纹碗　明代

口径14.7厘米

高5.8厘米

足径6.6厘米

青釉划格纹瓶　明代

口径24厘米

高50.5厘米

足径13.5厘米

灰青釉印花瓶　明代

口径4.5厘米

高19.7厘米

足径6.5厘米

青釉印花瓶　明代

口径5.3厘米

高22厘米

足径6厘米

青釉印花碟　明代

口径13厘米

高3.4厘米

足径6.8厘米

青釉元宝　明代

最长8.8厘米

最宽4厘米

最高4.4厘米

青釉碗 明代

口径13厘米

高4.4厘米

足径7.5厘米

青釉划格纹瓶 明代

口径8厘米

高37.5厘米

足径17.5厘米

青釉高足杯 明代

口径8.2厘米

高8.8厘米

足径3.5厘米

青釉印花罐 明代

口径3.5厘米

高7.3厘米

足径3.5厘米

青釉划花折沿大盘 明代

口径39厘米

高7.1厘米

足径23.2厘米

青釉划花折沿大盘 明代

口径42.8厘米

高6厘米

足径24厘米

青釉印花花口折沿大盘 明代

口径34.4厘米

高7厘米

足径16.5厘米

青釉印花折沿大盘 明代

口径37厘米

高8.5厘米

足径16厘米

青釉划格纹瓶 明代

口径4.5厘米
高20厘米
足径6.5厘米

青釉印花碟 明代

口径14.5厘米
高3.5厘米
足径4.7厘米

青釉印花碟 明代

口径16厘米
高3.6厘米
足径8厘米

青釉印花碗 明代

口径16厘米
高5厘米
足径8.7厘米

青釉碗 明代

口径14.8厘米
高5厘米
足径7.8厘米

青釉划花碗 明代

口径16厘米
高5.5厘米
足径9.2厘米

青釉印花花口折沿碟 明代

口径15.5厘米
高4厘米
足径6.7厘米

青釉罐 明代

口径6厘米
高6厘米
足径4.8厘米

青釉罐 明代

口径4.5厘米
高5厘米
足径4.2厘米

青釉划花碟 明代

口径15.3厘米
高3.5厘米
足径8厘米

青釉划格纹三足炉 明代

口径33厘米
高16厘米

青釉印八卦纹三足炉 明代

口径21厘米
高6.9厘米

青釉印八卦纹三足炉 明代

口径16.2厘米
高6厘米

黄釉划花碟 明代

口径16.3厘米
高4厘米
足径6.5厘米

青釉花口折沿碟 明代

口径18厘米
高4.4厘米
足径8厘米

青釉划直线纹折沿盘 明代

口径25.7厘米
高5.7厘米
足径10.8厘米

青釉划花花口碟 明代

口径14.5厘米
高3.1厘米
足径7.5厘米

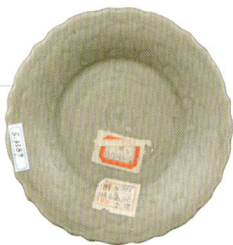

青釉碗 明代

口径12.4厘米
高4厘米
足径6.8厘米

青釉印花碗 明代

口径17厘米
高7.8厘米
足径7.2厘米

青釉印花碗 明代

口径17.4厘米
高8.4厘米
足径7厘米

青釉樽式三足炉 明代

口径18厘米
高9.5厘米

青釉三兽足炉 明代

口径11.7厘米
高8厘米

青釉印花盘 明代

口径28厘米
高5.7厘米
足径17.5厘米

青釉碗 明代

口径14.8厘米
高5.7厘米
足径7.3厘米

青釉碗 明代

口径15.8厘米

高5.4厘米

足径8.5厘米

青釉划花花口碗 明代

口径14.8厘米

高4.3厘米

足径8厘米

青釉盖罐 明代

口径5.4厘米

通高7厘米

足径4.8厘米

青釉盖罐 明代

口径3.7厘米

通高7厘米

足径4.5厘米

青釉盖罐 明代

口径4.8厘米

通高7厘米

足径4.5厘米

青釉盖罐 明代

口径4.7厘米

通高6.2厘米

足径3.8厘米

青釉盖罐 明代

口径4.9厘米

通高6.5厘米

足径4厘米

青釉罐 明代

口径4.2厘米

高5.4厘米

足径4.6厘米

青釉碗 明代

口径15.3厘米
高4.2厘米
足径8厘米

青釉划花碗 明代

口径15.3厘米
高4.2厘米
足径8.9厘米

青釉碗 明代

口径13.5厘米
高4厘米
足径7.3厘米

青釉印花碗 明代

口径14.7厘米
高5.4厘米
足径7.8厘米

青釉印花碟 明代

口径12厘米
高3.9厘米
足径6.3厘米

青釉六角形器座 明代

面径6.1厘米×4.5厘米
高6厘米
底径6厘米×4.3厘米

青釉杯 明代

口径7.5厘米
高3.6厘米
足径3.3厘米

青釉小罐 明代

口径2.8厘米
高6.3厘米
足径3厘米

青釉划格纹樽式三足炉 明代

口径26厘米

高16.8厘米

青釉梅瓶 明代

口径2.7厘米

高11.5厘米

足径4.6厘米

青釉花口碟 明代

口径16.2厘米

高4.3厘米

足径7.6厘米

青釉刻菊瓣纹折沿碟 明代

口径18.2厘米

高5厘米

足径10.5厘米

青釉印花大盘 明代

径29.5厘米

高5.4厘米

足径16厘米

青釉划格纹樽式三足炉 明代

口径20.3厘米

高13.1厘米

青釉胆瓶 明代

口径3.5厘米

高14.5厘米

足径5厘米

青釉划花乳钉三足炉 明代

口径31.6厘米

高10.2厘米

青釉瓶 明代

口径3.3厘米
高14.3厘米
足径4.5厘米

青釉双耳炉 明代

口径11.2厘米
高6.3厘米
足径7.8厘米

青釉长颈瓶 明代

口径3.6厘米
高10.8厘米
足径4.6厘米

青釉刻缠枝牡丹纹樽式三足炉 明代

口径24厘米
高11.7厘米

青釉花口碟 明代

口径12.4厘米
高3.1厘米
足径6.2厘米

青釉印花碟 明代

口径13厘米
高3.9厘米
足径6厘米

青釉碗 明代

口径13.8厘米
高4.9厘米
足径7.9厘米

青釉印花碟 明代

口径13.8厘米
高4.1厘米
足径6.8厘米

青釉印花碟 明代

口径14厘米

高4.4厘米

足径7厘米

青釉划花盘 明代

口径20.1厘米

高4.6厘米

足径8厘米

青釉划菊瓣纹福字碗 明代

口径14.4厘米

高6.2厘米

足径5.8厘米

青釉碟 明代

口径13.3厘米

高3.9厘米

足径6.2厘米

青釉贴八卦纹三足炉 明代

口径25.6厘米

高11.4厘米

青釉划花大盘 明代

口径30.9厘米

高6.5厘米

足径15.1厘米

青釉罐 明代

口径3厘米

高4.5厘米

足径3厘米

青釉罐 明代

口径2.8厘米

高5.1厘米

足径2.6厘米

青釉小瓶 明代

口径2.3厘米
高5.4厘米
足径2.4厘米

青釉小瓶 明代

口径2.3厘米
高5.3厘米
足径2.7厘米

青釉小瓶 明代

口径2.1厘米
高5.2厘米
足径2.1厘米

青釉小瓶 明代

口径2.2厘米
高5.2厘米
足径2厘米

青釉小瓶 明代

口径2.2厘米
高5.4厘米
足径2.3厘米

青釉水注 明代

口径4厘米
高3.6厘米
足径4.1厘米

青釉杯 明代

口径5.8厘米
高4.7厘米
足径3.2厘米

青釉杯 明代

口径6.4厘米
高3.4厘米
足径3.3厘米

青釉碟 明代

口径9厘米
高2.9厘米
足径3.1厘米

青釉划花碟 明代

口径12.6厘米
高3.3厘米
足径6.8厘米

青釉罐 明代

口径5.7厘米
高6.7厘米
足径5厘米

青釉罐 明代

口径4.2厘米
高9.2厘米
足径3.9厘米

青釉菊瓣纹大盘 明代

口径46厘米
高10.1厘米
足径17.5厘米

青釉划花大盘 明代

口径45.6厘米
高8.6厘米
足径24.6厘米

青釉刻花三足炉 明代

口径30.3厘米
高14厘米

青釉划格纹三足炉 明代

口径34厘米
高15.5厘米

青釉划花花口折沿盘 明代

口径25.5厘米

高5.3厘米

足径12.3厘米

青釉刻花花口折沿大盘 明代

口径30.8厘米

高5.2厘米

足径15.7厘米

青釉划花折沿大盘 明代

口径41.3厘米

高7.5厘米

足径23.3厘米

青釉划花八角形大盘 明代

口径31.2厘米

高6.7厘米

足径15厘米

青釉印花大盘 明代

口径32.2厘米

高5.3厘米

足径21.5厘米

青釉刻花盘 明代

口径28.6厘米

高5厘米

足径12.8厘米

青釉菊瓣纹折沿大盘 明代

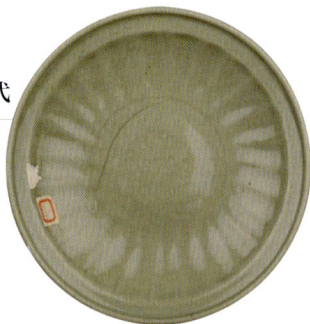

口径33厘米

高7.3厘米

足径14厘米

青釉划花大盘 明代

口径36.1厘米

高7.2厘米

足径8厘米

青釉划花盘　明代

口径24厘米
高5厘米
足径11.5厘米

青釉折沿大盘　明代

口径31.8厘米
高9.1厘米
足径14.5厘米

青釉菊瓣纹折沿大盘　明代

口径30.6厘米
高7厘米
足径13厘

青釉菊瓣纹葵口折沿大盘　明代

口径30.6厘米
高6.3厘米
足径13.7厘米

青釉划花大盘　明代

口径27厘米
高4.9厘米
足径15.5厘米

青釉折沿盘　明代

口径22.6厘米
高4.8厘米
足径8厘米

青釉划花折沿盘　明代

口径19.2厘米
高5厘米
足径7.5厘米

青釉划花盘　明代

口径25.7厘米
高5.3厘米
足径12厘米

青釉划花折沿大盘 明代

口径30.3厘米
高5.3厘米
足径15.5厘米

青釉划花花口大盘 明代

口径30厘米
高6.1厘米
足径14厘米

青釉菊瓣纹折沿盘 明代

口径28.6厘米
高5.6厘米
足径12厘米

青釉划格纹三足炉 明代

口径20.3厘米
高9.1厘米

青釉刻花樽式三足炉 明代

口径16.8厘米
高11.8厘米

青釉印花碟 明代

口径15.5厘米
高4.2厘米
足径8.1厘米

青釉印花葵口碟 明代

口径18.3厘米
高4.8厘米
足径7.2厘米

青釉浅腹折沿碟 明代

口径15.8厘米
高2.6厘米
足径4.2厘米

青釉划花碟 明代

口径15.4厘米
高4.8厘米
足径8.8厘米

青釉瓶 明代

口径3.5厘米
高16.3厘米
足径5.2厘米

青釉蕉叶纹瓶 明代

口径4.9厘米
高21.7厘米
足径6.8厘米

青釉刻花罐 明代

口径9厘米
高20.8厘米
足径10.3厘米

青灰釉碟 明代

口径19.8厘米
高4.4厘米
足径10.5厘米

青釉碗 明代

口径20.5厘米
高12厘米
足径8.5厘米

青釉贴八卦纹三足炉 明代

口径23厘米
高8.8厘米

青釉印八卦纹樽式三足炉 明代

口径22.5厘米
高19.7厘米

青釉划花三足炉 明代

口径23厘米
高19.1厘米

青釉贴八卦纹三足炉 明代

口径21.5厘米
高7.5厘米

青釉划花折沿大盘 明代

口径34.5厘米
高7厘米
足径17.4厘米

青釉碟 明代

口径12.5厘米
高4.4厘米
足径7.1厘米

青釉划格纹三足炉 明代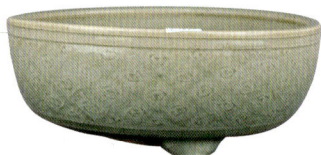

口径29厘米
高11厘米

青釉盘 明代

口径17厘米
高5.2厘米
足径9.3厘米

青釉菊瓣纹折沿盘 明代

口径26.2厘米
高15.8厘米
足径11.5厘米

青釉三足炉（缺三足） 明代

口径19.3厘米
高7厘米

青釉划花三足炉 明代

口径25.7厘米
高12.3厘米

青釉贴八卦纹绳耳三足炉 明代

口径21.8厘米
高11.5厘米

青釉三足炉 明代

口径17.6厘米
高6厘米

青釉瓶 明代

口径5.2厘米
高22.6厘米
足径7厘米

青釉划花八卦纹樽式三足炉 明代

口径21.5厘米
高14.1厘米

青釉菊瓣纹印双鱼折沿盘 明代

口径25.5厘米
高5.7厘米
足径10.8厘米

青釉划花菊瓣纹葵口折沿大盘 明代

口径33.5厘米
高5.5厘米
足径16厘米

青釉大盘 明代

口径43.8厘米
高8.8厘米
足径21.5厘米

青釉三足炉　明代

口径17.2厘米
高8厘米

青釉划花碗　明代

口径11.5厘米
高3.9厘米
足径6.5厘米

青釉刻花三足炉　明代

口径22.1厘米
高9.3厘米米

青釉鬲式炉　明代

口径19.1厘米
高9.5厘米

青釉贴八卦纹三足炉　明代

口径32.2厘米
高11厘米

青釉刻花三足炉　明代

口径22.3厘米
高10.2厘米

青釉三足炉　明代

口径14.7厘米
高11.8厘米

青釉划花樽式三足炉　明代

口径11.8厘米
高7.9厘米

青釉印花葵口折沿碟　明代

口径15.7厘米
高3.8厘米
足径6.7厘米

青釉碟　明代

口径12.4厘米
高3.4厘米
足径5.5厘米

青釉印花碟　明代

口径16.4厘米
高4厘米
足径8.5厘米

刻缠枝花卉纹三足炉（足已缺）　明代

口径31.5厘米
高9厘米
底10厘米

青釉划花碗　明代

口径14.2厘米
高7.6厘米
足径5.7厘米

青釉划格纹瓶　明代

口径3.3厘米
高17.8厘米
足径6厘米

青釉双环耳瓶　明代

口径5.1厘米
高15.3厘米
足径4.6厘米

青釉碟　明代

口径15.7厘米
高4.1厘米
足径8厘米

青釉印花折沿大盘 清代

口径36.7厘米

高7.4厘米

足径16.8厘米

青釉碟 清代

口径17.5厘米

高4厘米

足径10厘米

青釉划水波纹三足炉 清代

口径12.5厘米

高11.5厘米

青釉碗 清代

口径16.4厘米

高5厘米

足径10厘米

青釉碗 清代

口径15.3厘米

高5.3厘米

足径8厘米

青釉刻花杯 清代

口径5.4厘米

高4.7厘米

足径2.9厘米

青釉觚 清代

口径8.7厘米

高13.7厘米

足径4.9厘米

青釉划花碗 清代

口径16.1厘米

高5.2厘米

足径9.3厘米

青釉双铺首耳炉　清代

口径15.4厘米

高8厘米

足径8.5厘米

青釉划花碗　清代

口径16.5厘米

高5厘米

足径9厘米

双鱼耳三足炉　民国

高21.5厘米

腹径9厘米

口径4.5厘米

印花小瓶　当代

口径5.2厘米

高15厘米

足径4厘米

青釉贯耳瓶　当代

口径2.5厘米

高15厘米

腹径7.3厘米

足径5厘米

青釉刻双鱼盘　当代

口径25.5厘米

高2.9厘米

足径15.7厘米

青釉双耳三足炉　当代

口径6厘米

高9.3厘米

仿宋龙泉窑青釉碗　当代

口径16.2

高7.5厘米

足径4.2厘米

展览海报、展厅实景选录

展览海报

展厅实景·展标

展览实景·序厅造景

展览实景·序厅展柜

展览实景·第一展厅展柜

展览实景·第一展厅展柜

龙泉青瓷与雅士生活的契合

　　文人雅士追求闲雅好古、富有美感，宛如一泓清水，契合雅士们闲适自然，乐于雅集唱和，其身旁常伴有龙泉青瓷（成）中描述主人与宾客雅集玩赏的场溪声，主人好事能诗，门僧解烹茶，临门，手抄艺花书，夜深炉鸣"，确是

西园雅集图（局部）清代 石涛

展览实景·第二展厅展柜

展览实景·第一展厅展柜

展览实景·第二展厅展柜

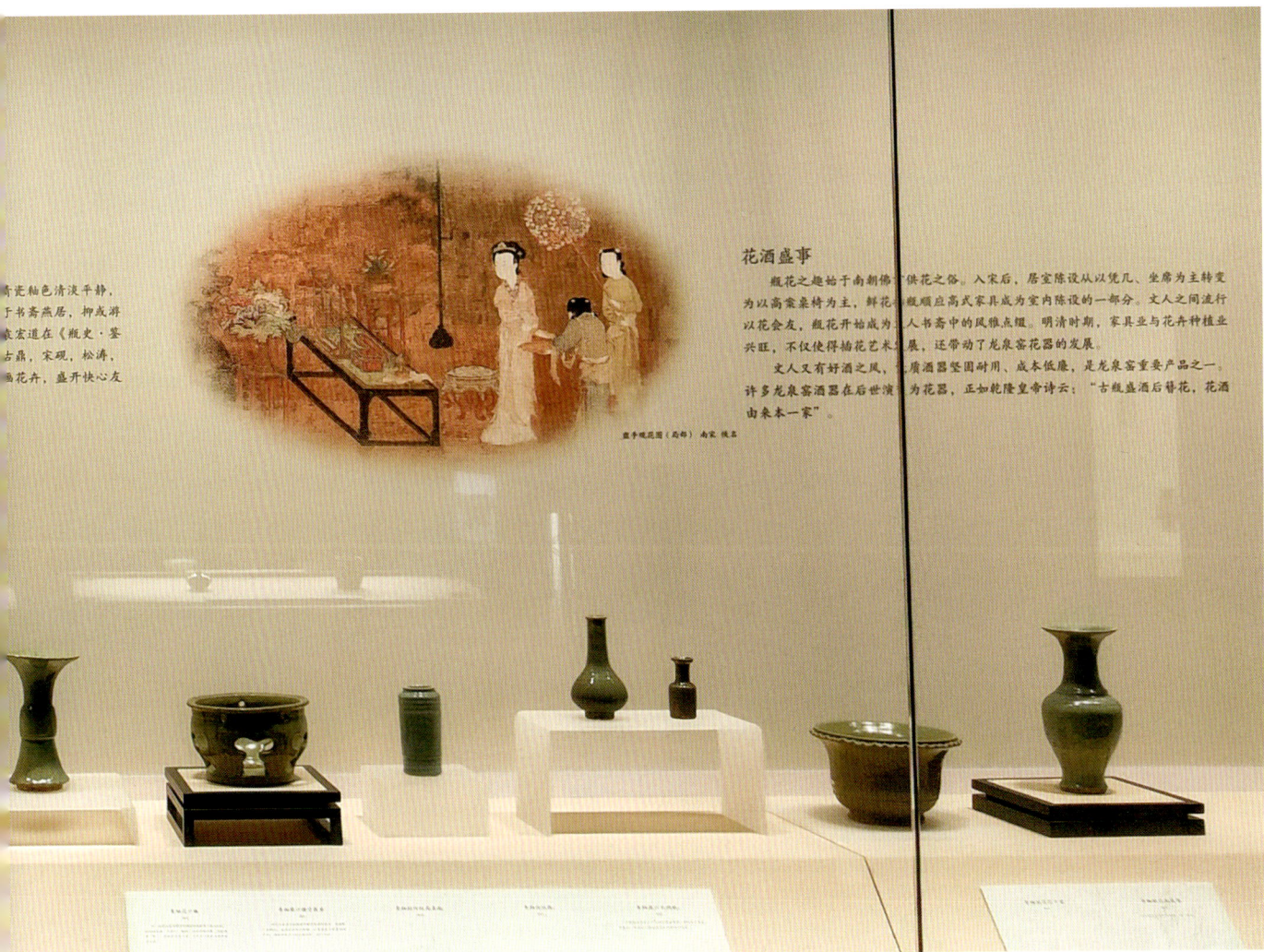

花酒盛事

　　瓶花之趣始于南朝佛前供花之俗。入宋后，居室陈设从以凭几、坐席为主转变为以高案桌椅为主，鲜花也顺应高式家具成为室内陈设的一部分。文人之间流行以花会友，瓶花开始成为文人书斋中的风雅点缀。明清时期，家具业与花卉种植业兴旺，不仅使得插花艺术发展，还带动了龙泉窑花器的发展。

　　文人又有好酒之风，广口酒器坚固耐用、成本低廉，是龙泉窑重要产品之一。许多龙泉窑酒器在后世演变为花器，正如乾隆皇帝诗云："古瓶盛酒后簪花，花酒由来本一家"。

瓶瓷釉色清淡平静，于书斋燕居，抑成游敬宏道在《瓶史·鉴古鼎，宋砚，松涛，栽花卉，盛开快心友

盥手观花图（局部）南宋 佚名

展览实景·小场景

展览实景·展陈局部

宣传教育活动辑要

"龙泉之美——馆藏龙泉青瓷展"媒体报道情况列表

时间	标题	媒体
2021-11-02	广州博物馆展出龙泉瓷器精品113件（套）	中国新闻网
2021-11-02	品鉴"龙泉之美"体悟中国人的精神	广州日报
2021-11-02	113件（套）龙泉瓷器精品亮相镇海楼，"龙泉之美——馆藏龙泉青瓷展"开展	金羊网
2021-11-02	广州博物馆"龙泉之美——馆藏龙泉青瓷展"开展	新快报·ZAKER广州
2021-11-02	广州博物馆"龙泉之美——馆藏龙泉青瓷展"开展	新快网
2021-11-02	广州博物馆展出龙泉瓷器精品113件（套）	凤凰网
2021-11-02	【听新闻】113件（套）精品展"龙泉之美"广博馆藏龙泉青瓷首次全面亮相	花城FM
2021-11-02	"龙泉之美——馆藏龙泉青瓷展"在广州博物馆镇海楼展区专题展厅正式开幕	九派新闻
2021-11-02	广州博物馆"龙泉之美——馆藏龙泉青瓷展"开展	九派新闻
/	"龙泉之美"馆藏龙泉青瓷展	雅昌艺术网
2021-11-02	"龙泉之美——馆藏龙泉青瓷展"在广州博物馆镇海楼展区专题展厅正式开幕	岭南24小时
2021-11-03	【人文广东】"龙泉之美——馆藏龙泉青瓷展"亮相广州博物馆镇海楼	广东学习平台
2021-11-03	113件（套）龙泉瓷器精品 展现人类非遗之美	光明网
2021-11-03	广州博物馆"龙泉之美——馆藏龙泉青瓷展"	南方网
2021-11-03	113件（套）龙泉瓷器精品 展现人类非遗之美	羊城晚报
2021-11-03	到广州博物馆赏"龙泉之美"	信息时报
2021-11-04	【人文广东】"龙泉之美——馆藏龙泉青瓷展"亮相广州博物馆镇海楼	广东学习平台
2021-11-05	文物｜广州博物馆藏龙泉青瓷首次亮相，113件（套）精品与观众见面	文旅中国

时间	标题	媒体
2021-11-05	广州博物馆"龙泉之美——馆藏龙泉青瓷展"诗意亮相	广州会展通
2021-11-05	广州博物馆"龙泉之美——馆藏龙泉青瓷展"诗意亮相	建水集团的故事
2021-11-05	文物丨广州博物馆藏龙泉青瓷首次亮相，113件（套）精品与观众见面	中传云资讯系统
2021-11-08	龙泉之美丨广州市博物馆藏 龙泉青瓷	博览记
2021-11-09	"龙泉之美"馆藏龙泉青瓷展在广州开幕	人民资讯
2021-11-09	"龙泉之美——馆藏龙泉青瓷展"在广州博物馆镇海楼展区专题展厅正式开幕	广州日报
2021-11-09	"龙泉之美——馆藏龙泉青瓷展"在广州博物馆镇海楼展区专题展厅正式开幕	广视频
2021-11-09	"龙泉之美"馆藏龙泉青瓷展在广州开幕	好看视频
2021-11-10	广州博物馆年末大展丨龙泉之美——馆藏龙泉青瓷展	无名之辈说文史
2021-11-12	广州博物馆年末大展丨龙泉之美——馆藏龙泉青瓷展	腾讯网
2021-11-13	"龙泉之美"：品鉴空前绝后的青瓷高峰，体悟古人的审美意趣	诗意花城生活圈
2021-11-18	"龙泉之美"馆藏龙泉青瓷展	考古网
2021-11-21	到广博品鉴"龙泉之美"分历史、功用、美学三部分展示馆藏龙泉青瓷	云南网
2021-12-17	VLOG看"龙泉之美"	博物馆世界
2021-12-22	镇海楼上那一抹龙泉青瓷亮色	封面新闻
2021-12-22	广州博物馆举行"龙泉之美——馆藏龙泉青瓷展"	广州交通电台

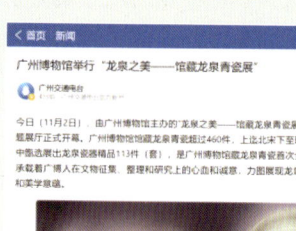

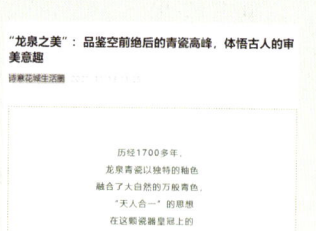

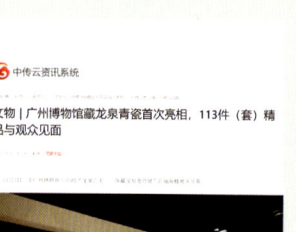

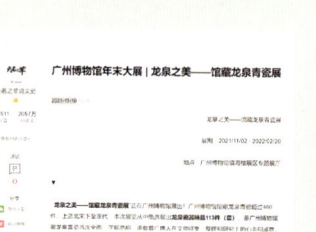

"龙泉之美——馆藏龙泉青瓷展"公众号推文列表

（统计时间截至2022年2月22日）

时间	标题	作者	形式	阅读量
2021-10-30	【新展预告】欣赏世界瓷器皇冠上的璀璨明珠，您准备好了么？	梁慕瑜	图文	2265
2021-11-02	广州博物馆"龙泉之美——馆藏龙泉青瓷展"诗意亮相	李沛琦　李明晖	图文	2165
2021-11-14	【龙泉之美】镜赏龙泉：天下真花独牡丹	李沛琦　李明晖　胡东松	视频	1118
2021-11-18	迷之青色，我从何而来？	梁慕瑜	图文	2031
2021-11-21	【龙泉之美】镜赏龙泉：云破弄影处 梅子初青时	李明晖　胡东松	视频	1394
2021-12-05	【龙泉之美】镜赏龙泉：翠色浓薄总相宜	李明晖　胡东松	视频	1092
2021-12-09	宫廷里的龙泉	李沛琦	图文	930
2021-12-12	【龙泉之美】镜赏龙泉：龟游莲叶上 莲叶何田田	李明晖　胡东松	视频	1102
2021-12-17	VLOG看"龙泉之美"	林　晖	视频	1136
2021-12-19	【龙泉之美】镜赏龙泉：山川万里开形胜，魂魄千秋自往还	李明晖　李沛琦　胡东松	视频	625
2021-12-30	龙泉窑青瓷中的"黑美人"	梁慕瑜	图文	1109
2022-01-09	【龙泉之美】镜赏龙泉：一片冰心在玉壶	李明晖　胡东松	视频	1115
2022-01-23	【龙泉之美】镜赏龙泉：欲遣诗尘涤 濡毫墨几多	李明晖　李沛琦　胡东松	视频	704
2022-02-02	【龙泉之美】镜赏龙泉：龙舞飞腾 鸿运开年	李明晖　胡东松	视频	736
2022-02-12	【龙泉之美】镜赏龙泉：元宵佳节来临之际，广博君送你一个大大的圆	李明晖　胡东松	视频	737
2022-02-19	【龙泉之美】镜赏龙泉：鸟鸣春涧 只此青绿	李明晖　胡东松	视频	565

宣传教育现场活动

参加制作青瓷器的观众合影

宣教部工作人员介绍龙泉窑青瓷的历史与传承

陶艺老师指导观众上色技巧

观众为素坯梅瓶添上心仪的青色

观众为素坯杯子添上心仪的青色

志愿者分发压襟物料

观众仔细编织压襟

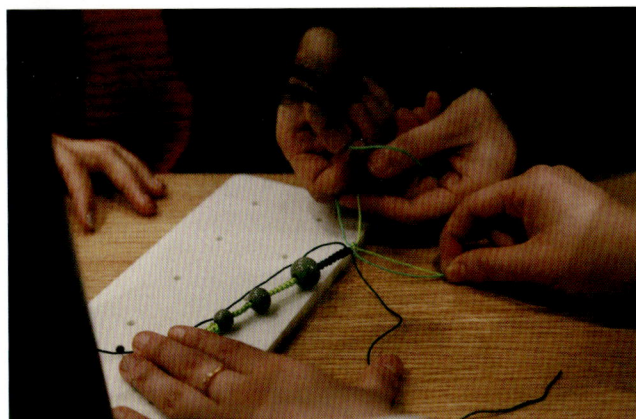
压襟编织过程

观众压襟成品展示，打卡拍照

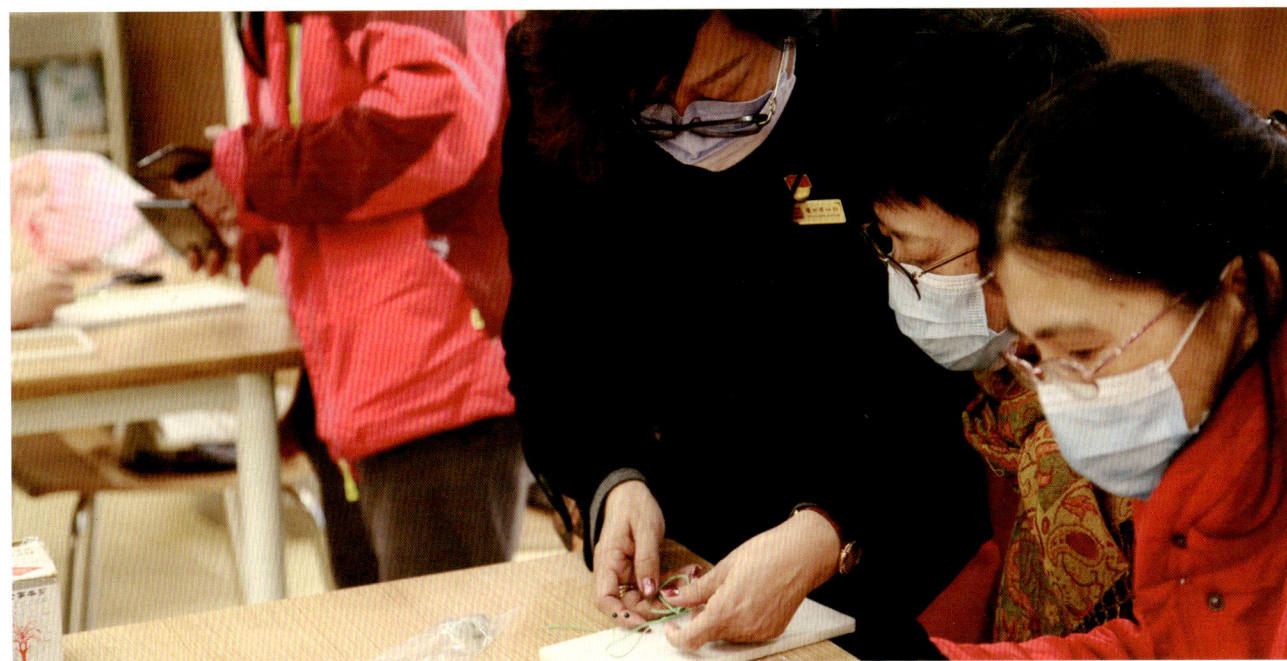
宣教部工作人员指导观众编织压襟